REPARENTANDO A TU NIÑO INTERIOR HERIDO

PROFUNDIZA EN EL TRAUMA INFANTIL Y GENERACIONAL PARA ROMPER PATRONES DESTRUCTIVOS Y LOGRAR EL CRECIMIENTO PERSONAL CON 7 PASOS EMPODERADORES

LEIGH W. HART

4C1
-Publishing-

ÍNDICE

Introducción   11

Parte I
PRIMERA PARTE: CONSTRUYENDO LOS CIMIENTOS

1. EL NIÑO EN EL ESPEJO   17
   La historia de Emily   18
   ¿Qué es el niño interior?   19
   ¿Qué significa trabajar con nuestro niño interior?   20
   Mitos y preguntas frecuentes   25
   Elemento interactivo   27

2. EL NIÑO INTERIOR AL MANDO   31
   La historia de Christine   31
   Desenterrar el pasado: Comprender el trauma infantil   32
   La escala de estrés de Holmes y Rahe   34
   Estrés en la infancia   36
   El impacto de una experiencia negativa o traumática   38
   Patrones negativos   40
   Estilos de apego y trauma infantil   42
   Características de un niño interior saludable   44
   ¿Por qué mi niño interior no es saludable?   46
   Por qué necesitas un niño interior sano que gobierne tu vida   47
   Elemento interactivo   49

3. EL ARTE DE REPARENTALIZAR   51
   Reparentalización con compasión   53
   El poder del amor propio   54
   Crea una rutina de cuidado personal   57
   Abraza el viaje de sanación   59
   Cronología de la sanación del niño interior   60
   Elemento interactivo   61

4. RESISTENCIA Y AUTOSABOTAJE   67
Hacer consciente lo inconsciente   68
Tipos de desafíos para los que debes estar preparado   70
Cómo reconocer el autosabotaje y qué hacer al respecto   71
Elemento interactivo   74

Parte II

SEGUNDA PARTE: QUE COMIENCE LA SANACIÓN

5. PASO 1: RECONECTA CON TU NIÑO INTERIOR   81
La historia de Michelle   82
Beneficios de volver a conectar con tu niño interior   84
Señales de que estás desconectado de tu niño interior   85
Cómo reconectar con tu niño interior   88
Elemento interactivo   89

6. PASO 2: CÓMO DESENTERRAR Y COMPRENDER LAS HERIDAS OCULTAS DE TU NIÑO INTERIOR   95
Desvelar las cicatrices ocultas de tu niño interior   97
Explorar los orígenes de las heridas ocultas   102
Desvelar las heridas ocultas mediante el trabajo con tu niño interior   104
Ejercicios para ayudar a procesar el trauma   106
Técnicas terapéuticas y apoyo profesional   108
La historia de Thomas   111
Elemento interactivo   113

7. PASO 3: SER EL PADRE QUE NECESITASTE DE NIÑO   119
El viaje de Juan hacia la sanación   120
El camino de Sofía hacia la renovación   121
Buenos padres vs. malos padres   122
El poder de la reparentalización para la autosanación   123
Reconstruir y reparar   124
Elemento interactivo   125

8. PASO 4: SANAR LOS DESENCADENANTES
EMOCIONALES   131
¿Qué son las emociones?   132
Cómo cultivar la conciencia emocional y la atención
plena   133
¿Qué podemos hacer con las emociones no deseadas
o inútiles?   135
Liberación emocional: Construir un espacio seguro
para evitar nuevas represiones   136
Cómo validar y nutrir las emociones de tu niño
interior   140
Elemento interactivo   142

9. PASO 5: TRANSFORMAR LA
AUTOCONVERSACIÓN NEGATIVA   147
¿Qué es el diálogo interno negativo?   148
Creencias básicas nocivas y cómo transformarlas   149
Creencias y comportamientos ocultos de nuestro
niño interior y cómo cambiarlos   150
Elemento interactivo   153

10. PASO 6: LA LÍNEA DIVISORIA   157
La importancia de definir los límites   157
La diferencia entre límites saludables y no saludables   160
¿Cómo influye nuestra infancia en el desarrollo de
los límites?   161
Reconocer los signos de erosión o violación de los
límites y mantenerlos   163
Diseñar un plan de protección personalizado para tu
niño interior   164
Elemento interactivo   165

11. PASO 7: DEJAR ATRÁS EL PASADO   167
¿Qué es el perdón y cómo perdonamos?   169
Cómo dejar ir la vergüenza y la culpa   172
Elemento interactivo   173

Parte III

TERCERA PARTE: DE CARA AL FUTURO

12. CRECER CON FUERZA   179
Cómo ayuda abrazar y nutrir a nuestro niño interior   180
Abraza la vulnerabilidad   181

Abraza la resiliencia 182
Elemento interactivo 183

13. CELEBRAR Y CREAR CON FUERZA 187
¿Por qué debemos que celebrar? 187
Abrazar el crecimiento transformador y la plenitud 189
Mantén en marcha el proceso de sanación del niño
interior 190
Elemento interactivo 191

Conclusión 195
Referencias 197

ADVERTENCIA DE CONTENIDO:

DESCARGO DE RESPONSABILIDAD MÉDICA:

El contenido de este libro tiene como objetivo educar e informar. No debe considerarse un sustituto del asesoramiento profesional en salud mental, diagnóstico o tratamiento. Siempre es recomendable consultar a un profesional de la salud mental o proveedor de atención médica calificado para recibir orientación personalizada sobre tus preocupaciones específicas de salud mental. El autor y el editor de este libro no respaldan ni recomiendan ninguna terapia, medicamento o intervención en particular, y cualquier decisión tomada basándose en la información presentada en este libro es responsabilidad y elección exclusiva del lector.

INTRODUCCIÓN

 Cuidar de tu niño interior tiene un resultado poderoso y sorprendentemente rápido: hazlo, y el niño sanará.

— MARTHA BECK

Dentro de cada uno de nosotros se encuentra un fragmento de nuestro pasado, un eco de nuestras experiencias infantiles que perdura en los rincones de nuestros corazones. Este aspecto de nosotros mismos es nuestro niño interior, una fuente inagotable de creatividad, alegría y entusiasmo sin límites. Sin embargo, como la delicada porcelana, este niño interior puede llevar las marcas de viejas heridas, miedos y traumas. Si nos atrevemos a escuchar, podemos oír sus susurros en nuestros pensamientos y sentir su presencia en nuestras acciones. Este libro, *Reparentando a tu niño interior herido*, te invita a embarcarte en un viaje transformador para sanar, nutrir y empoderar a ese niño interior que llevas dentro.

Todos tenemos una parte de nosotros mismos que se conecta con nuestra infancia. Este niño interior es el lienzo sobre el cual se pinta nuestra vida adulta. Sus experiencias nos han moldeado, tanto de manera positiva como negativa, influyendo en nuestras elecciones, relaciones y bienestar emocional. Las aventuras y desventuras de nuestros primeros años han tejido un tapiz de recuerdos, algunos vibrantes de alegría, mientras que otros están teñidos de dolor y miedo.

Pero ésta es la verdad: tú tienes el poder de reescribir tu historia. No se trata de borrar el pasado, sino de abrazar el proceso de sanación y transformación. Si tu niño interior experimentó traumas o miedos, probablemente hayas desarrollado mecanismos de afrontamiento que antes te servían de escudo, pero que ahora te frenan. Quizás te hayas sentido estancado, atrapado en patrones de creencias limitantes y temores que parecen insuperables. La buena noticia es que estos patrones pueden desarticularse, y tu niño interior puede ser sanado con amor para prosperar nuevamente.

El camino hacia la sanación y el autodescubrimiento es sagrado y está pavimentado con intención y compasión. Al pasar las páginas de este libro, encontrarás una guía completa, una hoja de ruta que te conducirá a través de siete pasos empoderadores que te ayudarán a:

- Reconocer el impacto de los traumas del pasado en tus comportamientos.
- Nutrir a tu niño interior a través de la autocompasión.
- Desmantelar patrones perjudiciales y cultivar la resiliencia emocional.
- Mejorar tus relaciones.
- Potenciar tu crecimiento personal.
- Mantener el progreso a través de la integración.
- Cultivar el bienestar emocional y el desarrollo personal.

Cada paso cuenta una historia de la fortaleza que hay en ti. Es una oportunidad para nutrir el vínculo entre tu yo adulto y tu niño interior, una relación basada en la confianza, la comprensión y un apoyo inquebrantable.

Al sostener este libro entre tus manos, probablemente hubo un catalizador específico que te llevó a buscar su sabiduría. No fue el título lo que resonó en ti, sino el anhelo de reparar las partes rotas dentro de ti, curar viejas heridas y descubrir un nuevo camino hacia el bienestar emocional. Puede que hayas luchado con tus miedos, lidiado con tus inseguridades o anhelado conexiones más profundas. Sea cual sea tu catalizador, debes saber que no estás solo. Éste es un espacio seguro.

Al embarcarte en este viaje de reparación de tu niño interior herido, descubrirás atajos para una transformación profunda:

- Sanando heridas y traumas emocionales, abrazando la paz interior.
- Cultivando una relación sana y amorosa contigo mismo.
- Liberándote de pautas negativas arraigadas en experiencias de la infancia.
- Estableciendo y manteniendo límites saludables en las relaciones.
- Cultivando la autocompasión, el amor propio y una imagen positiva de ti mismo.

A lo largo de estas páginas, encontrarás ejercicios, técnicas y herramientas para llevar un diario diseñadas para guiarte a través de pasos prácticos. Escribir en un diario es una puerta de acceso a un autoconocimiento más profundo, que te permitirá procesar las revelaciones y los resultados que sin duda surgirán de tus esfuerzos.

Ahora que te encuentras en el umbral de la transformación, debes saber que cuentas con apoyo en este empeño. Al pasar la página, te adentrarás en un viaje de autodescubrimiento, sanación y empoderamiento. En la Primera Parte de este libro, explorarás los fundamentos esenciales necesarios para la sanación de tu niño interior, preparándote para el trabajo que está por venir. Al pasar a la Segunda Parte, encontrarás los siete pasos empoderadores que te guiarán en tu camino de crecimiento personal.

Tu fuerza emocional, tu resiliencia y autoconciencia te esperan al otro lado de la sanación. Abraza el viaje y permite que la crianza de tu niño interior herido te conduzca hacia una vida impregnada de alegría, autenticidad y profunda transformación.

Con sincera ilusión...

PARTE I

PRIMERA PARTE: CONSTRUYENDO LOS CIMIENTOS

1

EL NIÑO EN EL ESPEJO

> *En cada adulto habita un niño, un niño eterno, una parte de nosotros que se encuentra en constante proceso de transformación, que nunca se completa y que requiere cuidados, atención y educación incesantes. Es esa parte de nuestra personalidad que anhela desarrollarse y alcanzar la plenitud.*
>
> — CARL JUNG

¿Qué significa nuestro niño interior? ¿Cómo podemos comprender este aspecto de nosotros mismos? Cuando nos miramos frente al espejo, no sólo vemos nuestro reflejo físico; también nos encontramos con varias facetas de lo que somos, incluyendo ese niño interior que anhela ser reconocido y apoyado. Ese niño interior es una parte inherente a nuestro ser. Debemos reconocer a este niño interior y colaborar con él para fomentar nuestro crecimiento personal.

LA HISTORIA DE EMILY

En un pequeño pueblo rodeado de ondulantes colinas vivía Emily, una joven cuya infancia extraordinaria estuvo marcada por un hogar tóxico. Con un padre alcohólico y una madre emocionalmente abusiva, Emily aprendió desde muy joven que debía convertirse en la cuidadora y protectora de sus hermanos menores. A la tierna edad de siete años, ya cargaba con responsabilidades de adulta.

Su infancia careció de inocencia; mientras otros niños jugaban, Emily navegaba en el caos. Maduró prematuramente, descuidando el asombro, la curiosidad y la alegría despreocupada de su niña interior.

A medida que crecía, las cicatrices de su traumática crianza se hicieron evidentes. Confiar en los demás resultaba un desafío, y la autoestima le era esquiva. Su pasado atormentaba sus relaciones y le impedía disfrutar de los placeres sencillos de la vida.

Decidida a no permitir que su pasado la definiera, Emily emprendió un viaje de sanación. La terapia la ayudó a enfrentarse a recuerdos reprimidos y a establecer límites. La atención plena y la autocompasión reconstruyeron su autoestima. Al retomar pasatiempos que había descuidado, reavivó su espíritu creativo.

Con el tiempo, la vida de Emily se transformó. Surgieron amistades significativas, una relación amorosa y una carrera próspera. Reconectarse con su niña interior le permitió reír libremente, abrazar sus vulnerabilidades y disfrutar de las alegrías de la vida.

La historia de Emily nos recuerda que incluso en la oscuridad se puede encontrar la luz. Mediante el autodescubrimiento, la terapia y el cuidado de su niña interior, no sólo sobrevivió a su traumático pasado, sino que prosperó en una vida llena de amor, felicidad y propósito.

¿QUÉ ES EL NIÑO INTERIOR?

El niño interior es un concepto de la psicología y la terapia que representa los aspectos emocionales y psicológicos de tu personalidad influidos por tus experiencias de la infancia. Abarca los sentimientos, recuerdos y vulnerabilidades de tus primeros años que continúan moldeando tu comportamiento y tus respuestas emocionales en la adultez.

Comparación entre niño interior y adulto interior:

- **Niño interior:** El niño interior encarna cualidades asociadas a la infancia, tales como la inocencia, la curiosidad, la espontaneidad y la vulnerabilidad. Es la parte de ti que lleva las huellas emocionales de experiencias pasadas, tanto positivas como negativas, y puede influir en tus reacciones y decisiones en el presente.
- **Adulto interior:** El adulto interior, por otra parte, representa los aspectos maduros, racionales y responsables de tu personalidad que se desarrollan a medida que creces y adquieres experiencia de vida. Es la parte de ti que puede tomar decisiones informadas, establecer límites y navegar por la vida adulta de manera efectiva.

Debemos preguntarnos si el niño interior tiene un lado positivo. Y la respuesta es sí; lo tiene. Este niño podría aportar creatividad, espontaneidad y sentido de asombro a tu vida. Abrazar a tu niño interior puede ayudarte a conectar con tu imaginación, tu espíritu lúdico y la capacidad de experimentar alegría en las cosas simples.

También puede fomentar la empatía y la compasión al reconectarte con la vulnerabilidad y la inocencia que una vez tuviste.

La idea aquí no es que debas descartar o reprimir por completo a tu niño interior, sino que sanar e integrar a tu niño interior es fundamental para el crecimiento personal y el bienestar emocional. Cuando tu niño interior arrastra traumas no resueltos o patrones negativos del pasado, puede obstaculizar tu capacidad para funcionar como un adulto saludable y feliz. Sanar al niño interior implica abordar estas heridas del pasado, reconocer y procesar las emociones y desarrollar mecanismos de afrontamiento más beneficiosos. Se trata de lograr un equilibrio en el que las cualidades positivas de tu niño interior puedan coexistir con la sabiduría y responsabilidad de tu adulto interior, permitiéndote llevar una vida plena y satisfactoria.

¿QUÉ SIGNIFICA TRABAJAR CON NUESTRO NIÑO INTERIOR?

Imagínate que eres un niño de seis años, jugando inocentemente con otros niños de tu clase de preescolar en un día soleado. Mientras correteas alegremente por el patio de recreo, de repente tropiezas y caes al suelo. Los otros niños se ríen a carcajadas, y notas cómo se te ruborizan las mejillas de vergüenza.

Los detalles de aquel momento pueden haberse desvanecido en tu memoria con el paso del tiempo. Puede que no recuerdes las caras exactas de tus compañeros de clase, ni siquiera tu edad exacta en aquel momento. Sin embargo, lo que permanece en tu conciencia son las vívidas sensaciones de vergüenza que te invadieron, el ardor de las lágrimas que brotaban de tus ojos y el dolor de una rodilla raspada. Quizás incluso recuerdes haberte prometido en silencio: "Nunca volveré a permitirme hacer una tontería así".

Aunque tu rodilla terminó curándose, las cicatrices emocionales perduraron y te siguieron hasta la edad adulta. Siguen afectando a tu vida, aunque no seas consciente de ello. Ya sea que hayan pasado dos décadas o cinco desde aquel incidente en el patio de recreo, tu niño interior de seis años sigue influyendo significativamente en tus decisiones y comportamientos. Es como si ese niño herido estuviera al mando, dificultando la posibilidad de aprovechar las oportunidades y asumir riesgos a pesar de que ni siquiera recuerdes el suceso original en el patio de recreo que desencadenó este conflicto interno.

El trabajo con el niño interior es un enfoque profundo e introspectivo para comprender y curar nuestras heridas emocionales originadas en la infancia. Nuestro niño interior encarna las emociones, creencias y experiencias que tuvimos durante nuestros años de formación.

La esencia del trabajo con el niño interior reside en reconocer que muchos de nuestros comportamientos, reacciones y patrones de adultos tienen sus raíces en estas experiencias tempranas. Al explorar y reconectarnos con nuestro niño interior, podemos obtener valiosas perspectivas sobre por qué respondemos a determinadas situaciones del modo en que lo hacemos. Es como viajar en el tiempo para volver a visitarnos a nosotros mismos en el pasado, comprender nuestras necesidades insatisfechas y proporcionarnos los cuidados y la atención que pudieron faltarnos durante nuestra crianza.

Veamos más de cerca lo que implica el trabajo con nuestro niño interior:

- **Reconocimiento:** El primer paso es reconocer la existencia de tu niño interior. Esto implica aceptar que tus reacciones emocionales, desencadenantes y comportamientos actuales a menudo tienen su origen en experiencias de la infancia.
- **Reconexión:** El trabajo con tu niño interior implica reconectar con tu yo más joven, a menudo mediante la visualización o la meditación. Buscas comprender las emociones y necesidades que tu niño interior acarreaba durante esos primeros años.
- **Reparentación:** Una vez que hayas conectado con tu niño interior, el siguiente paso es reparentarte a ti mismo. Esto significa proporcionarte el amor, el cuidado y el apoyo que pueden haber faltado en tu infancia. Se trata de sanar esas heridas y satisfacer las necesidades no satisfechas de tu niño interior.
- **Integración:** A medida que progresas en el trabajo con tu niño interior, tu objetivo es el de integrar la sabiduría y la sanación de este proceso en tu vida actual. Esta integración te ayuda a tomar decisiones más saludables, a responder a los desencadenantes de forma más consciente y a liberarte de viejos patrones limitantes.
- **Liberación emocional:** A lo largo de este viaje, es común experimentar liberaciones emocionales, es decir, momentos en los que afloran sentimientos enterrados durante mucho tiempo. Estas liberaciones pueden ser catárticas y sanadoras.

Al implicarte en el trabajo con tu niño interior, adquieres una comprensión más profunda de tu psique y comienzas a desmantelar las barreras que pueden haberte detenido.

Influencia histórica y científica de Carl Jeng

Para comprender el profundo impacto que Carl Jung ha tenido en el trabajo con el niño interior, primero debemos explorar el contexto histórico y científico tanto de la psicología junguiana como del concepto de niño interior.

Carl Gustav Jung (1875-1961) fue un psiquiatra y psicoanalista suizo que fundó la psicología analítica. Fue contemporáneo de Sigmund Freud, pero sus teorías y su enfoque de la psicología diferían significativamente. El trabajo de Jung fue decisivo para el desarrollo de la psicología profunda, que explora la mente inconsciente y las capas más profundas de la psique humana (Pikorn, 2020).

Jung introdujo varios conceptos clave que han sido altamente relevantes respecto al trabajo con el niño interior (Pikorn, 2020):

- **Inconsciente colectivo:** Jung propuso la existencia de un inconsciente colectivo compartido por todos los humanos, que contiene símbolos y arquetipos universales. Estos arquetipos, como la madre, el padre, el héroe y el niño, representan experiencias humanas fundamentales y están profundamente arraigados en nuestra psique.
- **Individuación:** Jung creía que el camino hacia la plenitud psicológica implicaba el proceso de individuación, que es la integración de los diversos aspectos de la propia personalidad, incluidos los elementos inconscientes. Este proceso ayuda al individuo a convertirse en su verdadero y auténtico yo.

- **Trabajo con la sombra:** La psicología junguiana hace hincapié en la importancia de enfrentarse e integrar la propia sombra, los aspectos oscuros y ocultos de la personalidad. Este proceso es esencial para el crecimiento interno y el autoconocimiento.

El concepto de niño interior, que desempeña un papel central en el trabajo con el niño interior, no fue desarrollado directamente por el propio Carl Jung. Surgió como concepto psicológico en la segunda mitad del siglo XX. Sin embargo, las ideas de Jung sentaron las bases para la exploración del niño interior (Pikorn, 2020):

- **Los arquetipos y el niño:** La identificación por Jung del arquetipo del niño como uno de los arquetipos fundamentales del inconsciente colectivo contribuyó a la comprensión del niño interior. El arquetipo del niño representa la inocencia, la espontaneidad y el sentido de asombro.
- **Integración de la sombra:** El énfasis de Jung en el trabajo con la sombra, el proceso de reconocer y reconciliar los aspectos más oscuros de uno mismo, está estrechamente relacionado con el trabajo con el niño interior. A menudo, el niño interior herido es una parte de la sombra que requiere atención y sanación.
- **Desarrollo psicológico:** Las etapas del desarrollo psicológico de Jung, como el proceso de individuación, proporcionaron un marco para comprender cómo evoluciona el niño interior a lo largo de la vida de una persona. El trabajo con el niño interior a menudo implica revisar y sanar etapas de desarrollo pasadas.

MITOS Y PREGUNTAS FRECUENTES

Repasemos este enfoque terapéutico y algunas preguntas frecuentes y mitos en torno al trabajo con el niño interior:

- **¿Por qué es importante el trabajo con el niño interior?** El trabajo con el niño interior puede ayudar a las personas a abordar traumas infantiles no resueltos, mejorar la autoestima, establecer relaciones más sanas y liberarse de patrones negativos de comportamiento.
- **¿Cómo sé si necesito trabajar en mi niño interior?**: Si luchas contra problemas emocionales persistentes, comportamientos de autosabotaje o dificultades para establecer relaciones saludables, el trabajo con el niño interior puede ser beneficioso. Es especialmente útil para las personas con antecedentes de trauma o abandono en la infancia.
- **¿El trabajo con el niño interior es lo mismo que la terapia de regresión?**: El trabajo con el niño interior puede implicar técnicas de regresión, pero es distinto de la terapia de regresión propiamente dicha. El trabajo con el niño interior se centra en sanar y nutrir a tu niño interior, mientras que la terapia de regresión suele implicar volver a revisar recuerdos y experiencias.
- **¿Puedo hacer el trabajo con el niño interior por mi cuenta?**: Si bien algunas personas pueden explorar el trabajo con el niño interior de manera independiente usando recursos de autoayuda, se recomienda trabajar con un terapeuta o consejero calificado, especialmente si tienes problemas emocionales complejos o traumas.
- **¿Cuánto tarda el trabajo con el niño interior en dar resultados?** El plazo para el trabajo con el niño interior varía de una persona a otra. Algunas pueden experimentar

cambios positivos con relativa rapidez, mientras que otras pueden necesitar meses o incluso años de trabajo continuado para ver resultados significativos.

Mitos y conceptos erróneos

Mito: El trabajo con el niño interior es sólo para personas con traumas infantiles graves.

- El trabajo con el niño interior puede beneficiar a cualquiera, no sólo a quienes sufren traumas extremos. Puede ayudar a las personas a sanar y crecer a partir de diversas experiencias infantiles, como la negligencia, el abuso emocional e incluso desafíos más comunes.

Mito: El trabajo con el niño interior consiste en revisar recuerdos dolorosos.

- Aunque parte del trabajo con el niño interior puede implicar la exploración de traumas pasados, la atención se centra en la sanación y la crianza, en lugar de detenerse en el dolor. Se trata de comprender y liberar las emociones negativas para promover la sanación.

Mito: El trabajo con el niño interior es sólo para personas con problemas psicológicos profundos.

- El trabajo con el niño interior puede beneficiar a las personas que se enfrentan a diversos problemas, como la autoestima, las relaciones y el crecimiento personal, no sólo a las que tienen problemas psicológicos graves.

Mito: El trabajo con el niño interior es una solución rápida para todos los problemas.

- El trabajo con el niño interior es un proceso que requiere tiempo y compromiso. No es una solución mágica para todos los problemas de la vida, pero puede ser una herramienta valiosa para el desarrollo personal y la sanación.

Mito: Debes regresar a tu infancia para hacer el trabajo del niño interior.

- Aunque algunas técnicas pueden implicar regresión, el trabajo con el niño interior no siempre requiere volver a recuerdos concretos. También puede centrarse en comprender y satisfacer las necesidades emocionales de tu niño interior en el presente.

ELEMENTO INTERACTIVO

Escritura en un diario

Escribir un diario es una herramienta vital en el proceso de trabajo con el niño interior, ya que sirve de puente entre tu mente consciente y las emociones y recuerdos profundamente enterrados de tu pasado. Mediante el acto de escribir, puedes invitar gentilmente a tu niño interior a expresar sus pensamientos, miedos y necesidades insatisfechas, creando un espacio seguro y sin prejuicios para el autodescubrimiento y la sanación. Escribir un diario te ayuda a identificar pautas, desencadenantes y heridas no resueltas de la infancia, permitiéndote cultivar la empatía y la comprensión hacia tu yo más joven. ¡Comencemos ya nuestro viaje de escritura en un diario!

A continuación encontrarás diez pautas útiles para comenzar:

1. ¿Cómo describirías las experiencias de tu infancia?
2. ¿Cuáles fueron tus principales necesidades en la infancia?
3. ¿De qué manera influyeron los juegos de la infancia en tu yo adulto actual?
4. Si pudieras hablar hoy con tu niño interior, ¿qué te gustaría poder decirle?
5. Describe un día típico en la vida de tu niño interior.
6. Comparte un momento en el que hayas sentido que tu niño interior fue ignorado o menospreciado.
7. ¿Hubo fases de tu infancia en las que las cosas tuvieron tanto momentos brillantes como desafiantes?
8. ¿Tienes asuntos no resueltos o traumas del pasado que requieran tu atención?
9. Enumera cinco cosas que te causen angustia.
10. ¿Qué anhelas liberar o renunciar en tu vida?

¿Necesita ayuda mi niño interior?

Inserta una S (sí) o una N (no) junto a las preguntas dirigidas a tu niño interior herido, tales como:

- ¿Tienes problemas de baja autoestima?
- ¿A menudo te preocupa que las personas en tu vida eventualmente te abandonen?
- ¿Te sientes culpable cuando defiendes tus derechos?
- ¿Te criticas constantemente por sentirte inadecuado o indigno?
- ¿Te resulta difícil confiar en ti mismo y en los demás?

- ¿Eres adicto o has sido adicto a algo?
- ¿Priorizas las necesidades de los demás sobre las tuyas?
- ¿A menudo luchas con sentimientos de inseguridad?
- ¿Has sufrido traumas o abandono durante tu infancia?
- ¿Te resulta difícil establecer límites saludables en tus relaciones?
- ¿Eres propenso a la autocrítica y a juzgarte duramente a ti mismo?

Al concluir este capítulo, hemos explorado la comprensión de esa parte joven y vulnerable de nosotros mismos que a menudo hemos pasado por alto o hemos descuidado. En el próximo capítulo, exploraremos cómo tomar el control de este niño interior, ya que es a través de este empoderamiento como podemos sanar, crecer y crear una vida adulta más plena y armoniosa.

2

EL NIÑO INTERIOR AL MANDO

*Gran parte de la sanación de nuestro mundo comienza en
la sanación de nuestro niño interior que rara vez, o quizás
nunca, tuvo la oportunidad de salir a jugar.*

— VINCE GOWMON

E xperimento sentimientos de culpa y vergüenza, junto con
una sensación de desconexión. Me cuesta controlar mis
emociones, y a menudo sufro ansiedad y depresión, así como
ataques ocasionales de ira. Me doy cuenta de que solo uno solo de
estos desafíos puede influir significativamente en mi vida,
marcando potencialmente la diferencia entre el éxito y la felicidad
o el fracaso y la miseria: un niño interior sin sanar.

LA HISTORIA DE CHRISTINE

Crecer en el hogar de mi infancia fue extremadamente desafiante.
Mi padrastro luchaba contra el alcoholismo, mientras que mi
madre tenía tendencia a abusar de las pastillas con receta. Desde la

tierna edad de siete años, parecía que yo era la única capaz de mantener algún sentido de la responsabilidad dentro de nuestro hogar. Me encontré no sólo atendiendo mis propias necesidades, sino también siendo responsable de mis padres.

Cuando cumplí 17 años, me fui de casa por primera vez, impulsada por el afecto de un chico que me demostraba amor. Por desgracia, repetí los mismos patrones al involucrarme con un joven que afrontaba sus emociones bebiendo en exceso. La primera vez que oí el tintineo del hielo en su vaso, me invadió un sentimiento de horror y ansiedad, pero me sentía demasiado avergonzada y humillada como para confiar en alguien. No podía evitar culparme, creyendo que todos me verían como una tonta.

Cada vez que él se emborrachaba hasta perder el sentido, sentía en mi interior una oleada abrumadora de rabia, que me hacía sentir totalmente indefensa y aislada una vez más. Me hundí en un profundo abismo de depresión durante un largo período. Pasaron muchos años de terapia antes de que pudiera reconocer mi propio valor y darme cuenta de que merecía una vida llena de esperanza, amor y compasión.

DESENTERRAR EL PASADO: COMPRENDER EL TRAUMA INFANTIL

Desenterremos el pasado e intentemos comprender mejor nuestros traumas infantiles. Es esencial abordar este tema con sensibilidad, porque los traumas infantiles pueden tener efectos profundos y duraderos en la vida de una persona.

Los acontecimientos traumáticos son experiencias que desbordan la capacidad de una persona para afrontarlas y pueden dejar cicatrices emocionales duraderas. El trauma infantil se refiere a experiencias adversas que ocurren durante los primeros años de vida de una persona, normalmente antes de los 18 años. El trauma puede manifestarse de diversas formas, y lo que se considera traumático puede variar de una persona a otra. Sin embargo, hay algunos acontecimientos traumáticos comunes que los expertos han identificado:

- **Abuso físico:** Implica cualquier uso deliberado de la fuerza que cause lesiones o daños corporales a un niño. Puede incluir golpes, patadas o cualquier forma de violencia.
- **Abuso sexual:** El abuso sexual abarca cualquier actividad sexual no consentida en la que esté implicado un niño. Puede ir desde el acoso sexual hasta la violación.
- **Abuso emocional:** Es importante tener en cuenta que el abuso emocional puede ser tan perjudicial como el físico o el sexual. Incluye la crítica constante, la humillación, el rechazo o cualquier comportamiento que socave la autoestima del niño.
- **Negligencia:** La negligencia es la incapacidad de los cuidadores de satisfacer las necesidades básicas de un niño, como la alimentación, el alojamiento, el amor y el apoyo emocional.
- **Ser testigo de violencia:** Los niños que presencian violencia intrafamiliar o comunitaria pueden sufrir traumas, aunque no sufran daños directos.
- **Pérdida o abandono:** La pérdida de un progenitor, cuidador o familiar cercano por muerte, divorcio o abandono puede ser traumática para un niño.
- **Catástrofes naturales o accidentes:** Experimentar una catástrofe natural o un accidente grave también puede ser traumático para los niños.

Comprender el impacto del trauma en los niños exige tener en cuenta sus etapas de desarrollo y las respuestas adecuadas a su edad.

LA ESCALA DE ESTRÉS DE HOLMES Y RAHE

La Escala de Estrés de Holmes y Rahe, también conocida como Escala de Calificación del Reajuste Social (SRRS, por sus siglas en inglés), fue desarrollada originalmente en 1967 por los psiquiatras Thomas Holmes y Richard Rahe para evaluar los niveles de estrés en adultos. Se trata de una herramienta que asigna valores numéricos a diversos acontecimientos vitales en función del estrés percibido asociado a ellos, y que los individuos pueden utilizar para calcular sus puntajes de estrés acumulados. La escala se diseñó principalmente para su uso con adultos con el fin de evaluar el riesgo potencial de enfermedades relacionadas con el estrés (Mind Tools Content Team, s.f.-b).

Aunque la Escala de Estrés de Holmes y Rahe no fue desarrollada específicamente para niños, se han creado algunas versiones modificadas para evaluar el estrés en niños y adolescentes. Estas escalas modificadas tienen en cuenta los acontecimientos vitales y los factores estresantes que pueden experimentar los niños según su edad, como las presiones académicas, los cambios familiares, las relaciones con sus compañeros, etc.

Podemos adaptar la escala para comprender el impacto de los acontecimientos en las distintas etapas de la infancia:

Lactante (0-2 años):

- **Acontecimientos positivos:** Cuidados afectuosos y constantes, crianza saludable, apego.
- **Acontecimientos negativos:** Negligencia, abuso, separación de los cuidadores principales.

Primera Infancia (3-6 años):

- **Acontecimientos positivos:** Refuerzo positivo, interacción social, aprendizaje a través del juego.
- **Acontecimientos negativos:** Abuso físico o emocional, divorcio de los padres, enfermedades graves.

Infancia Media (7-11 años):

- **Acontecimientos positivos:** Logros académicos, formación de amistades, sentirse apoyados.
- **Acontecimientos negativos:** Acoso escolar, conflictos parentales, exposición a la violencia comunitaria.

Adolescencia (12-18 años):

- **Acontecimientos positivos:** Éxito académico, autonomía, relaciones saludables, apoyo al desarrollo de la identidad.
- **Acontecimientos negativos:** Presión de los pares, abuso de sustancias, fracasos académicos, agresión sexual.

Recuerda que los niños son resilientes, pero el impacto del trauma puede variar mucho. Los adultos comprensivos y solidarios, la terapia y la intervención temprana pueden marcar una diferencia significativa en la capacidad de un niño para sanar y prosperar después de experimentar un trauma.

ESTRÉS EN LA INFANCIA

Es importante reconocer que algún tipo de estrés o experiencia negativa en la infancia es realmente inevitable. El camino de la infancia a la edad adulta está plagado de desafíos, y la experiencia de cada niño es única.

Incluso la más feliz de las infancias puede, en ocasiones, causar algún tipo de trauma. Esto puede sonar contradictorio, pero es esencial comprender que no es necesariamente el acontecimiento lo que determina el nivel de impacto. Es la experiencia subjetiva individual del acontecimiento lo que desempeña un papel fundamental. Lo que puede parecer insignificante para una persona puede afectar profundamente a otra. Por eso es crucial no juzgar ni restar importancia a las experiencias de nadie.

Algunos niños son naturalmente más resilientes que otros y son capaces de afrontar acontecimientos similares con un impacto negativo menor. La resiliencia es un rasgo complejo en el que influyen la genética, el entorno y los mecanismos individuales de afrontamiento. Sin embargo, incluso los individuos más resilientes pueden verse afectados por determinadas circunstancias.

Exploremos algunas heridas emocionales universales que podrían causar alguna forma de trauma:

- **Traición:** Experimentar una traición de niño, ya sea por parte de un cuidador, un amigo o un familiar, puede crear profundas cicatrices emocionales. La confianza es una parte fundamental de las relaciones humanas, y cuando se rompe, puede provocar un trauma emocional duradero.

- **Injusticia:** Ser testigo o sufrir una injusticia, como un trato injusto o la discriminación, puede afectar profundamente al sentido de la equidad y la justicia de un niño. Puede provocar ira, impotencia y una visión sesgada del mundo.
- **Humillación:** La humillación puede ser increíblemente perjudicial, sobre todo en un contexto social. Ser avergonzado o ridiculizado públicamente puede provocar vergüenza y baja autoestima que persisten en la edad adulta.
- **Abandono:** Sentirse abandonado por los cuidadores puede provocar problemas de apego y cicatrices emocionales que afectan a las relaciones durante toda la vida. El miedo al abandono puede convertirse en una fuerza impulsora del comportamiento y las relaciones personales.
- **Rechazo:** Tanto si se trata del rechazo de compañeros, parejas románticas o incluso familiares, la experiencia de ser rechazado puede ser emocionalmente devastadora. Puede crear sentimientos de indignidad y aislamiento.
- **Negligencia:** El abandono físico o emocional puede tener consecuencias duraderas. Los niños ignorados sistemáticamente o abandonados a su suerte pueden tener dificultades para cuidar de sí mismos, valorarse y establecer relaciones saludables.

Comprender que estas experiencias pueden causar traumas, independientemente de la apariencia externa de una infancia feliz, es vital para proporcionar apoyo y empatía a las personas que han soportado tales desafíos.

EL IMPACTO DE UNA EXPERIENCIA NEGATIVA O TRAUMÁTICA

Exploremos cómo las experiencias negativas o traumáticas pueden crear bloqueos emocionales y patrones en la adultez. Ante todo, quiero reconocer que hablar de estos temas puede resultar difícil, pero es un paso esencial hacia la comprensión y la sanación.

Imaginemos las emociones como un río que fluye. Cuando nacemos, este río es puro y sin restricciones, lo que permite que nuestros sentimientos fluyan libremente. Sin embargo, la vida está llena de experiencias, tanto positivas como negativas, que dan forma a nuestro panorama emocional.

Las experiencias negativas o traumáticas, sobre todo durante la infancia, pueden actuar como diques en este río, obstaculizando el flujo natural de las emociones. Así es cómo se desarrolla este proceso:

- **El impacto inicial:** Las experiencias traumáticas, como el abuso, la pérdida o el abandono, pueden ser abrumadoras y aterradoras. Estas experiencias suelen dejar una profunda cicatriz emocional, dificultando el procesamiento y la expresión de nuestros sentimientos.
- **Mecanismos de defensa:** Desarrollamos mecanismos de defensa para protegernos del dolor asociado a estos recuerdos traumáticos. Estos mecanismos pueden incluir la negación, la represión o la disociación, que bloquean eficazmente las emociones relacionadas con el trauma.
- **Formación de bloqueos emocionales:** Con el tiempo, estos mecanismos de defensa se convierten en habituales, formando bloqueos emocionales. Estos bloqueos actúan como diques en nuestro río emocional, impidiéndonos experimentar y expresar plenamente nuestras emociones.

- **Impacto en los patrones adultos:** Al llegar a la edad adulta, estos bloqueos emocionales pueden tener un profundo impacto en nuestro comportamiento y nuestras relaciones. Por ejemplo, alguien que experimentó el abandono de niño puede desarrollar problemas de confianza, afectando su capacidad para establecer relaciones saludables. Otros podrían luchar contra la ansiedad o la depresión a causa de emociones reprimidas.
- **Repetición de patrones:** Los problemas emocionales no resueltos suelen conducir a la repetición de patrones. Las personas podrían sentirse atraídas por situaciones o relaciones que recrean el trauma, buscando sin saberlo una oportunidad de resolución o validación.

Entonces, ¿qué se puede hacer para abordar estos bloqueos emocionales y patrones en la adultez? Repasemos algunos pasos:

- **Autoconocimiento:** Reconocer que tienes bloqueos emocionales y patrones acarreados de la niñez es el primer paso. El autoconocimiento te permite comprender las causas profundas de tus comportamientos y reacciones.
- **Búsqueda de apoyo:** Acude a un terapeuta o consejero especializado en traumas y sanación emocional. Pueden proporcionarte orientación y herramientas para ayudarte a navegar por estas emociones complejas.
- **Expresión de tus emociones:** Aprende formas saludables de expresar tus emociones. Esto podría incluir escribir en un diario, el arte o incluso hablar con un amigo o terapeuta de confianza. Puedes liberar gradualmente los bloqueos emocionales reconociendo y procesando tus sentimientos.
- **Atención plena y meditación:** Prácticas como la atención plena y la meditación pueden ayudarte a estar presente y a conectar con tus emociones de forma no crítica. También

pueden reducir el impacto de traumas pasados en tu vida actual.

- **Ayuda profesional:** En algunos casos, pueden ser necesarias técnicas de terapia de trauma como la EMDR (Desensibilización y Reprocesamiento por Movimientos Oculares) o la terapia de exposición para trabajar a través de recuerdos traumáticos concretos.

PATRONES NEGATIVOS

Emprendamos juntos un viaje para explorar los patrones perjudiciales comunes que muchas personas llevan dentro y lo que esto significa para las necesidades de sanación de nuestro niño interior. Con compasión y comprensión, profundizaremos en las complejidades de estos patrones, sobre todo en los que están arraigados en las reacciones de miedo.

Un patrón que vemos a menudo, es la compulsión por controlar situaciones y personas para sentirse seguros. En las relaciones cotidianas, esto puede manifestarse como microgestión en el trabajo o comportamiento autoritario con la familia y los amigos. Nuestro niño interior, marcado por experiencias pasadas, cree que el control es la única forma de evitar el daño. Sanar a nuestro niño interior significa enseñarle que la verdadera seguridad procede de la vulnerabilidad y la confianza, no del control.

Patrones familiares tóxicos

Estos patrones son como una maldición generacional que se transmite de una generación a otra. Las familias suelen perpetuar las mismas heridas del niño interior, creando un ciclo que parece imposible de romper. La sanación del niño interior implica reconocer estas pautas y elegir conscientemente romper la cadena.

Significa reconocer el dolor y el trauma de nuestros antepasados y decidir curarnos a nosotros mismos y a las generaciones futuras.

Desamparo y modo víctima

Cuando nos enfrentamos a desafíos, algunos de nosotros caemos en un estado de desamparo y victimismo. Podemos culpar a los demás, ponernos a la defensiva o emplear diversos mecanismos de autoprotección. Estos patrones pueden remontarse al miedo de nuestro niño interior a ser herido o rechazado. La sanación del niño interior requiere que reconfortemos a ese niño interior herido, que le aseguremos que no es una víctima indefensa y que le capacitemos para responder a los desafíos de la vida desde la fortaleza.

Patrones en las relaciones íntimas

Las relaciones románticas pueden sacar lo peor de nuestro niño interior herido. Esto se debe a que a menudo exigen que seamos vulnerables y nos abramos emocionalmente, lo que puede desencadenar nuestros miedos más profundos al rechazo y al abandono. Podemos encontrarnos repitiendo patrones de relación familiares, buscando amor y validación en todos los lugares equivocados. La sanación del niño interior en el contexto de las relaciones románticas implica reconocer estos desencadenantes, trabajarlos y aprender a amarnos a nosotros mismos para poder amar a los demás de manera más auténtica.

Lenguajes del amor

Nuestros lenguajes del amor, las formas en que expresamos y recibimos amor, suelen estar influidos por nuestras experiencias de la infancia. Si no recibimos ciertos tipos de amor cuando éramos niños, es posible que inconscientemente intentemos dar ese amor a los demás en nuestras relaciones adultas. Comprender nuestros lenguajes del amor puede ser una herramienta poderosa en la sanación de nuestro niño interior. Nos permite reconocer lo que nos falta y buscar formas saludables de satisfacer esas necesidades en nosotros mismos y a través de nuestras relaciones.

ESTILOS DE APEGO Y TRAUMA INFANTIL

En el intrincado tapiz de las relaciones humanas, un hilo que a menudo pasa desapercibido pero que desempeña un papel profundo, es nuestro estilo de apego. Nuestras experiencias tempranas, especialmente las de la infancia, pueden influir significativamente en cómo formamos y mantenemos conexiones con los demás a lo largo de nuestra vida. Este concepto es el núcleo de la Teoría del Apego, un marco psicológico que arroja luz sobre cómo las experiencias pasadas moldean nuestras relaciones adultas.

La Teoría del Apego, iniciada por John Bowlby y ampliada por Mary Ainsworth, explora cómo los bebés y los niños establecen vínculos con sus cuidadores. Detalla cómo estos vínculos tempranos sirven de modelos para nuestras relaciones futuras. A partir de estos modelos, todos aspiramos a tener vínculos seguros en nuestras relaciones. Sin embargo, si no encarnamos de forma natural un estilo de apego seguro, podemos encontrarnos en uno de los estilos de apego inseguro: Ansioso, Evitativo o Temeroso/Desorganizado (*Trauma del Apego*, 2022).

- **Apego ansioso:** Las personas con un estilo de apego ansioso tienden a preocuparse demasiado por sus relaciones. A menudo temen el abandono, buscan constantemente seguridad y pueden volverse pegajosos o dependientes de sus parejas. Este estilo de apego suele tener su origen en unos cuidados inconsistentes durante la infancia.

- **Apego evitativo:** Las personas con un estilo de apego evitativo tienden a hacer hincapié en su independencia y autosuficiencia. Pueden sentirse incómodos con la intimidad emocional, resistirse a abrirse a los demás y dar prioridad a la autosuficiencia frente a las relaciones estrechas. Este estilo de apego puede desarrollarse a partir de cuidadores que no estaban disponibles emocionalmente.
- **Apego temeroso/desorganizado:** Este estilo de apego se caracteriza por una mezcla conflictiva de tendencias ansiosas y evitativas. Las personas con un apego temeroso/desorganizado pueden tener un comportamiento impredecible y confuso en las relaciones. Los traumas o abusos infantiles suelen ser la base de este estilo de apego.
- **Apego seguro:** Este estilo de apego es un vínculo emocional sano y adaptativo que se forma entre los bebés o niños pequeños y sus cuidadores principales. Sirve de base para un desarrollo social y emocional saludable a lo largo de toda la vida. Se considera el estilo de apego ideal. Comprender y fomentar el apego seguro es vital para promover un desarrollo emocional y unas relaciones sanas.

Ahora bien, puede que te estés preguntando cómo encaja el trauma infantil en esta ecuación. Bien, el trauma infantil puede ser un factor significativo en el desarrollo de estilos de apego inseguros. Las experiencias traumáticas en la infancia, como la negligencia, el maltrato o el cuidado poco consistente, pueden perturbar la formación saludable de vínculos de apego. Como resultado, los adultos que han sufrido traumas infantiles pueden encontrarse luchando con estos estilos de apego inseguro en sus relaciones adultas.

Si quieres profundizar en este tema, te invito a que explores mi libro *No te dejes arrastrar por tu estilo de apego*. En sus páginas, encontrarás una exploración en profundidad de cómo el trauma infantil puede afectar específicamente a tu estilo de apego en todo tipo de relaciones adultas. Además, el libro ofrece ideas valiosas y pasos eficaces que puedes dar para abordar los problemas de apego inseguro en la edad adulta.

La sanación de tu niño interior implica reconectar con los aspectos heridos de ese niño interior -la versión más joven y vulnerable de ti mismo que experimentó el trauma- y sanarlos. Mediante el autoconocimiento, la terapia y la autocompasión, las personas pueden trabajar para resolver las heridas del pasado y fomentar unas relaciones más seguras y confiadas.

CARACTERÍSTICAS DE UN NIÑO INTERIOR SALUDABLE

Exploremos las características de un niño interior saludable, que suelen estar presentes cuando se han gestionado y procesado los traumas pasados o los patrones perjudiciales aprendidos. Nuestro niño interior representa la parte más pura y auténtica de nosotros mismos, a menudo moldeada por nuestras experiencias tempranas y nuestro desarrollo emocional. Cuando superamos y sanamos con éxito las heridas del pasado o las creencias limitantes, podemos cultivar un niño interior saludable, que puede contribuir enormemente a nuestro bienestar general y a nuestro crecimiento personal.

- **Confianza y apertura:** Un niño interior sano se caracteriza por un sentimiento de confianza en uno mismo y en los demás. Es la capacidad de abrirse a nuevas experiencias, personas y relaciones sin excesivo miedo o escepticismo. Esta confianza permite conexiones más profundas y una visión más positiva de la vida.

- **El juego, la creatividad y la espontaneidad:** El juego es una cualidad fundamental de un niño interior sano. Implica un sentido del asombro, imaginación y la capacidad de participar en actividades por puro placer, más que con un propósito específico. La creatividad fluye naturalmente en este estado, al igual que la espontaneidad, lo que permite una flexibilidad de pensamiento y acción.
- **Expresión emocional y autenticidad:** Un niño interior sano puede expresar sus emociones con libertad y autenticidad. No está agobiado por la necesidad de reprimir sentimientos u ocultar vulnerabilidades. Esta apertura emocional conduce a conexiones más significativas con los demás y a una comprensión más profunda de uno mismo.
- **Curiosidad y exploración:** La curiosidad es la fuerza motriz del crecimiento personal y el aprendizaje. Un niño interior sano es curioso por naturaleza y está deseoso de explorar nuevas ideas, experiencias y el mundo que le rodea. Esta curiosidad fomenta el desarrollo personal continuo y el entusiasmo por la vida.
- **Flexibilidad y adaptabilidad:** Una característica clave de un niño interior sano es la flexibilidad y la adaptabilidad. Esto significa ser capaz de afrontar los retos de la vida con resiliencia y una actitud positiva. Implica la capacidad de recuperarse de los contratiempos, adaptarse a los cambios y aprovechar las nuevas oportunidades.

En esencia, un niño interior sano representa un estado de equilibrio emocional y bienestar psicológico. Cuando se han gestionado y procesado los traumas del pasado o los patrones aprendidos poco útiles, estas cualidades pueden florecer, permitiéndonos llevar una vida más plena y feliz.

¿POR QUÉ MI NIÑO INTERIOR NO ES SALUDABLE?

Veamos un tema profundamente personal y delicado: el reconocimiento de los aspectos perjudiciales de tu niño interior que se derivan del impacto emocional y psicológico negativo de los traumas infantiles. No es un tema fácil de tratar, pero comprender estos aspectos es crucial para la sanación y el crecimiento personal.

- **Heridas profundas y traumas no resueltos**: Imagina a tu niño interior como un depósito de todas tus experiencias buenas y malas. Los traumas infantiles pueden crear profundas heridas emocionales que se agravan con el tiempo. Estas heridas centrales pueden manifestarse como sentimientos de indignidad, abandono, vergüenza o miedo. Influyen en tus elecciones, relaciones y autopercepción, a menudo sin que te des cuenta.
- **Reactividad emocional y desencadenantes**: Tu niño interior carga con el bagaje emocional de traumas pasados. Cuando te enfrentas a situaciones que te recuerdan esos momentos dolorosos, tus reacciones emocionales pueden ser intensas y desproporcionadas. Estos desencadenantes pueden provocar estallidos de ira, tristeza o ansiedad, que pueden parecer irracionales para los demás, pero que son muy reales para ti.
- **Creencias limitantes y autoconversaciones negativas**: Los traumas infantiles suelen sembrar semillas de dudas sobre uno mismo y de autopercepción negativa. Puedes interiorizar mensajes como "no soy lo bastante bueno" o "no soy digno de ser amado". Estas creencias limitantes

pueden impedirte perseguir tus sueños y obstaculizar tu autoestima.

- **Mecanismos de defensa y estrategias de afrontamiento:** Para protegerse de más daños, tu niño interior desarrolla mecanismos de defensa y estrategias de afrontamiento durante las experiencias traumáticas. Pueden incluir la evitación, la negación, el perfeccionismo o el complacer a la gente. Aunque estos mecanismos pueden haber sido esenciales para la supervivencia durante la infancia, pueden volverse contraproducentes en la edad adulta, obstaculizando el crecimiento personal y las relaciones auténticas.

- **Patrones de autosabotaje y comportamientos autodestructivos:** Los traumas infantiles no resueltos pueden dar lugar a pautas de autosabotaje y comportamientos autodestructivos. Estas acciones pueden ser intentos de hacer frente al dolor emocional o de recrear dinámicas familiares del pasado. Por ejemplo, puede que te encuentres repitiendo pautas de relación malsanas o recurriendo al abuso de sustancias para adormecer tu dolor.

Reconocer estos aspectos malsanos de tu niño interior puede ser un proceso difícil. A menudo implica introspección, terapia y la voluntad de enfrentarse a recuerdos dolorosos.

POR QUÉ NECESITAS UN NIÑO INTERIOR SANO QUE GOBIERNE TU VIDA

Me gustaría que reflexionemos sobre el niño interior no gestionado, no apoyado y no reconocido, y por qué no quieres que esta parte vulnerable de ti mismo controle tu vida. El niño interior es un concepto al que se refieren muchos psicólogos y terapeutas, que representa el aspecto infantil de nuestra psique que carga con nuestras primeras experiencias, emociones y heridas. Aquí te explicaremos por qué es crucial tomar las riendas y no dejar que este niño interior dirija tu vida.

Cuando no controlamos a nuestro niño interior, puede mantenernos estancados en un nivel emocional de inmadurez. Las respuestas emocionales apropiadas para un niño pueden no serte útiles como adulto. Los niños interiores no controlados suelen reaccionar ante las situaciones con la misma intensidad que cuando fueron heridos inicialmente, lo que provoca reacciones exageradas y comportamientos irracionales.

Muchos adultos están controlados inconscientemente por su niño interior. Esto significa que las decisiones que toman están muy influidas por las heridas y traumas emocionales de su pasado. Estos niños interiores no son racionales ni lógicos; se dejan llevar por las emociones experimentadas durante el dolor y la herida.

Cuando tu niño interior está al mando, carga con una mochila llena de emociones no resueltas: ira, vergüenza y, a veces, hasta rabia. Estas emociones pueden aflorar inesperadamente, provocando estallidos, conflictos y comportamientos autodestructivos. También pueden nublar tu juicio y afectar a tus relaciones, tanto personales como profesionales.

Tu niño interior sirve como lente a través de la cual ves y tomas decisiones en tu vida adulta. Si tu niño interior está herido, puede tomar decisiones basadas en el miedo, la inseguridad o la necesidad de validación, en lugar de basarse en lo que realmente es mejor para ti. Esto puede conducir a un ciclo de toma de decisiones equivocadas que refuerzan los patrones negativos.

Los niños interiores no controlados pueden causar estragos en las relaciones adultas. Pueden hacer que repitas patrones de relación poco saludables o que alejes a las personas que se preocupan de verdad por ti. Cuando tu niño interior tiene el control, puede ser difícil mantener relaciones sanas y maduras, porque tus reacciones emocionales pueden ser desproporcionadas a la situación.

Así que está claro que permitir que tu niño interior no controlado, no apoyado y no reconocido controle tu vida no es una receta para la felicidad o el éxito. Por el contrario, es esencial reconocer a tu niño interior y trabajar con él, proporcionándole el apoyo y la sanación que necesita. Esto implica buscar terapia, practicar el autoconocimiento y aprender a tomar decisiones desde un lugar de madurez emocional, en lugar de reaccionar en función de heridas del pasado.

ELEMENTO INTERACTIVO

Autoevaluación: ¿Podría tener el control mi niño interior?

Me gustaría que siguieras escribiendo en tu diario mientras realizas esta autoevaluación. Veamos algunas indicaciones que te ayudarán a comenzar:

1. ¿Reacciono a menudo ante las situaciones con emociones fuertes que parecen desproporcionadas a las circunstancias, como la ira, el miedo o la tristeza?
2. ¿Me resulta difícil planificar el futuro o establecer objetivos a largo plazo, como si no estuviera seguro de lo que quiero como adulto?
3. ¿Me cuesta establecer y mantener límites sanos con las personas de mi vida?
4. ¿Tengo dificultades para tomar decisiones y a menudo me siento abrumado por las elecciones, por más pequeñas que sean?

5. ¿Evito afrontar o abordar los conflictos en mis relaciones, esperando que se resuelvan por sí solos?

6. ¿Me resulta difícil manejar el estrés y tiendo a afrontarlo mediante la evitación o la distracción en lugar de con métodos constructivos?

7. ¿Me siento atraído por actividades o comportamientos que me proporcionan una gratificación inmediata pero que pueden no ser lo mejor para mí a largo plazo?

8. ¿A menudo siento nostalgia o anhelo por el pasado, quizás añorando la simplicidad de la infancia?

9. ¿Tiendo a culparme excesivamente cuando las cosas salen mal, incluso cuando no es totalmente culpa mía?

10. ¿Me cuesta expresar mis necesidades y deseos de forma asertiva, recurriendo a veces a la comunicación pasivo-agresiva o al retraimiento?

Mientras estaba allí sentada, sintiendo la inconfundible presencia de mi niña interior firmemente en el asiento del conductor, no pude evitar reconocer el profundo viaje de autodescubrimiento que me esperaba. El volante estaba en sus diminutas manos, y comprendí que había llegado el momento de embarcarme en el arte de la reparentalización.

En el próximo capítulo, exploraremos el poder transformador de nutrir y sanar los aspectos heridos de nosotros mismos, aprendiendo a proporcionar el amor, el cuidado y la orientación que tan desesperadamente necesitábamos cuando éramos niños. Del mismo modo que un artista experto restaura meticulosamente una obra maestra, nosotros también podemos recuperar la belleza de nuestro mundo interior mediante la reparentalización, revelando los vibrantes colores de la resiliencia y el amor propio ocultos bajo las capas del tiempo.

3

EL ARTE DE REPARENTALIZAR

Aprendí que, aunque tengo una personalidad muy dife-
rente a la de mis padres, la forma en que trato a mi niño
interior no es diferente de cómo me trataban ellos. He
adoptado inconscientemente algunas creencias y hábitos de
mis padres. Es como si siguieran viviendo dentro de mí.

— YONG KANG CHAN

Si tomamos conciencia de nuestro niño interior y le damos lo que necesita, podremos, como adultos maduros, desempeñar el papel de padre y madre y recibir la atención y el amor que necesitábamos pero que quizá nunca recibimos de niños.

Imagina a tu niño interior como una parte de ti que arrastra las heridas emocionales y el dolor de tu pasado. Estas heridas suelen derivarse de experiencias que fueron hirientes, negligentes o incluso traumáticas. Reparar es como dar a tu niño interior herido el amor, los cuidados y el apoyo que necesitabas pero que quizá no recibiste cuando eras más joven.

Ahora quiero hacer hincapié en algo crucial: al reparentalizar, es esencial que lo hagas con amabilidad y dulzura. No puedes utilizar la misma dureza ni los mismos comportamientos que podrían haber causado el dolor en primer lugar. La fuerza y el miedo no tienen cabida en este proceso de sanación.

Piensa en ello como si estuvieras nutriendo una planta frágil. No le gritarías para que creciera más deprisa, ¿verdad? En lugar de eso, te asegurarías de que tenga luz solar, agua y alimento. Aquí se aplica el mismo principio. Tu niño interior necesita amor, comprensión y paciencia para curarse.

Repasemos algunos pasos que debes tener en cuenta al embarcarte en tu viaje de reparentalización:

- **Autocompasión:** Empieza por ser compasivo contigo mismo. Comprende que las heridas que arrastras no son culpa tuya. Trátate como tratarías a un amigo querido que está pasando por un mal momento.
- **Diálogo interior:** Presta atención a tu diálogo interior. Sustituye la autocrítica y el diálogo interno negativo por palabras amables y de apoyo. Anímate a ti mismo como animarías a un niño que te importa mucho.
- **Validación emocional:** Permítete sentir tus emociones sin juzgarlas. Es normal estar triste, enfadado o asustado de vez en cuando. Estos sentimientos son válidos y reconocerlos es una parte crucial de la sanación.
- **Prácticas de reparentalización:** Participa en actividades que te aporten bienestar y alegría. Puede ser escribir en un diario, meditar, el arte o pasar tiempo en la naturaleza. Estas prácticas pretenden ayudarte a reconectar con tu niño interior.
- **Busca ayuda:** Si es necesario, considera la posibilidad de buscar el apoyo de un terapeuta o consejero especializado

en el trabajo con el niño interior. Pueden proporcionarte orientación y un espacio seguro para tu viaje de sanación.

REPARENTALIZACIÓN CON COMPASIÓN

Quiero hablarte de algo fundamental: debes reparentarte a ti mismo con compasión. Es un viaje de autodescubrimiento y autocuidado que puede transformar verdaderamente tu vida. Así que, toma una taza de té o tu bebida favorita, y vamos a sumergirnos en el mundo de la autocompasión y la autoestima.

Dediquemos un momento a reflexionar sobre cómo te tratas a ti mismo cuando las cosas no salen como habías planeado. ¿Tiendes a ser excesivamente crítico, culpándote de cada paso en falso o fracaso? Bueno, no eres el único. Muchos de nosotros luchamos contra la autocrítica, pero la buena noticia es que puedes cambiar esa narrativa.

La autocompasión es como un bálsamo calmante para tu alma. Se trata de tratarte a ti mismo con la misma amabilidad y comprensión que ofrecerías a un amigo querido que está pasando por un mal momento. ¿Y adivina qué? Las investigaciones demuestran que no es sólo un concepto para sentirse bien, sino que tiene beneficios tangibles para tu bienestar mental y emocional (*4 maneras de aumentar tu autocompasión*, 2021).

Al adoptar la autocompasión, es probable que experimentes niveles más bajos de ansiedad y depresión. ¿Por qué? Porque reconoces tu sufrimiento y respondes a él con amabilidad. En lugar de caer en un ciclo de autocrítica, te conviertes en tu propia fuente de consuelo y apoyo.

Ahora, pongámonos prácticos. ¿Cómo puedes potenciar tus habilidades de autocompasión? Aquí tienes cuatro formas sencillas pero eficaces para comenzar:

- **Reconforta tu cuerpo:** Tu bienestar físico está estrechamente ligado a tu estado emocional. Cuando te sientas mal, cuida de tu cuerpo. Come algo nutritivo, descansa si estás cansado, date un automasaje relajante o da un paseo tranquilo. Recuerda, cuidar tu cuerpo es un acto de autocompasión.

- **Escríbete una carta a ti mismo:** Piensa en una situación dolorosa de tu pasado, tal vez una ruptura, la pérdida de un trabajo o un recuerdo tóxico de la infancia. Ahora, escríbete una carta sobre ello, pero aquí está la clave: hazlo sin culpas, sin culpar a los demás ni, desde luego, a ti mismo. En lugar de eso, céntrate en alimentar tus sentimientos y ofrecerte comprensión y apoyo.

- **Date ánimos a ti mismo:** Imagina que tu mejor amigo se enfrenta a una situación difícil. ¿Qué le dirías? Ahora, cuando te encuentres en una situación similar, dirige esas mismas respuestas compasivas hacia ti. Sé tu propia fuente de apoyo, recordándote que lo estás haciendo lo mejor que puedes.

- **Practica la atención plena:** Incluso unos minutos de meditación o ejercicios de atención plena pueden hacer maravillas. Es una forma de conectarte con tu interior, reconocer tu dolor o malestar y aceptarlo sin juzgarlo. La atención plena te ayuda a estar presente y a ser compasivo contigo mismo, incluso en los momentos difíciles.

EL PODER DEL AMOR PROPIO

Vamos a sumergirnos en el maravilloso mundo del amor propio, un poder que puede transformar verdaderamente tu vida. A veces creemos que entendemos el amor propio, pero no siempre está tan claro como parece. Es como saber que debes comer para nutrir tu cuerpo, pero no comprender la profunda conexión que existe entre el amor propio y todo lo demás por lo que luchamos, como encontrar el amor, el éxito y la felicidad.

Pregúntate: ¿cómo podemos amar eficazmente a otra persona antes de haber aprendido a amarnos incondicionalmente a nosotros mismos? Es como intentar compartir una comida cuando tu plato está vacío. Nuestra comprensión del amor propio suele comenzar en la infancia, aprendida de quienes nos cuidaban. No suele ser algo que se enseñe conscientemente; simplemente observamos cómo lo expresan quienes nos rodean.

El amor propio va mucho más allá de la ropa elegante y el maquillaje. Es un término que engloba todas las formas en que nos mostramos amor a nosotros mismos, tanto física como emocionalmente. Te sorprendería saber que muchas personas bien arregladas no comprenden realmente lo que implica el amor propio. Pero aquí está la verdadera sabiduría: el amor propio no es egoísta. Es un acto de bondad hacia los demás, porque cuando te quieres a ti mismo, es menos probable que cargues a los demás con tus problemas no resueltos.

El amor propio tiene cuatro aspectos clave: autoestima, autocuidado, autoconocimiento y autoaceptación. Todos ellos son como las piezas de un puzzle, y cuando falta una, la imagen no está completa. Alcanzar el amor propio es un viaje que a menudo refleja la confrontación con tus demonios internos. Es duro porque significa desprendernos de cosas y personas a las que estamos apegados. Nuestra adicción a esas cosas puede llevarnos a amarnos condicionalmente, cambiando el verdadero amor propio por distracciones fugaces.

Vamos a desglosar estos aspectos:

- **Autoestima:** La sociedad a menudo nos bombardea con negatividad, haciendo que nos centremos en nuestros defectos y proyectando eso en nosotros mismos. Pero ésta es la verdad: naces con un potencial infinito. La autoestima consiste en creer en ti mismo, incluso cuando las experiencias pasadas puedan dificultarlo. Reconoce las cosas buenas que hay en ti y, si no las encuentras, pregunta a los demás. Eres digno cada día.
- **Autocuidado:** Este aspecto se inclina más hacia las acciones físicas, pero no se trata sólo de eso. Incluye cosas como cuidar de tu cuerpo, comer bien, mantenerte hidratado y hacer cosas que te gusten. También se extiende a lo que consumes mentalmente, como la música, los medios de comunicación y la gente de la que te rodeas. En comparación con los demás aspectos, el autocuidado suele ser el lugar más fácil para iniciar tu viaje hacia el amor propio.
- **Autoconocimiento:** Se trata de comprender tus procesos de pensamiento, tus emociones y cómo impulsan tus acciones. ¿Te has preguntado alguna vez por qué determinados pensamientos te enfadan o te hacen feliz? La autoconciencia te ayuda a manejar estas emociones con eficacia. Una forma de aumentar la autoconciencia es llevar un diario de tus pensamientos, emociones y acciones.
- **Autoaceptación:** Se deriva de la autoestima. Cuando te valoras de verdad, la autoaceptación se produce de forma natural. Está ligada a nuestros logros y cualidades. Construir la autoaceptación implica comprender que eres valioso, independientemente de tus logros o cualidades.

Recuérdate a diario que no tienes que justificar tu
existencia mediante tus logros.

Aquí tienes una práctica transformadora para guiarte en tu viaje
hacia la autocompasión: plantéate esta pregunta: "¿Qué acciones
llevaría a cabo alguien que se preocupa de verdad por sí mismo?".
Esto se asemeja a tener tu guía interior personal. Ten fe en tu
intuición, incluso cuando te lleve por caminos desconocidos. Ten
siempre presente que el viaje hacia el amor propio es una odisea
extraordinaria, y que comienza por colmarte de amabilidad.
¡Tienes la fuerza para embarcarte en este viaje!

CREA UNA RUTINA DE CUIDADO PERSONAL

Me alegro de que te tomes tiempo para explorar la idea de crear
una rutina de cuidado personal. Es un paso maravilloso para ser
más feliz y saludable. Lo entiendo perfectamente; la vida puede ser
dura y, a veces, olvidamos priorizarnos a nosotros mismos. Pero,
¿sabes qué? Eres absolutamente digno de cariño y cuidado, al igual
que cualquier otra persona.

Hablemos primero de algo esencial: el niño interior herido. Muchos
de nosotros arrastramos algunas cicatrices de nuestro pasado, y esas
experiencias pueden llevarnos a creer que no merecemos el autocuidado. Quizá te dijeron o te hicieron sentir que no eras importante o que tus necesidades no importaban. Eso puede haberse
quedado grabado en ti, pero es hora de desafiar esas creencias.

Cuando tu autoestima y confianza son bajas, una de las cosas más
poderosas que puedes hacer es comenzar a tratarte mejor. Es como
construir unos cimientos fuertes desde la base. Al dar pequeños
pasos para cuidarte, estás enviando un poderoso mensaje a tu yo
interior: "Soy digno de amor y cuidados".

El autocuidado no es sólo una palabra de moda; es una parte vital del bienestar emocional. Reformulémoslo para cargar esas pilas emocionales. Al descuidar tu cuidado personal, puedes acabar sintiéndote agotado, estresado y abrumado. Por eso hay que convertirlo en parte de tu rutina diaria.

Ahora, profundicemos un poco más en el vínculo mente-cuerpo. Tu bienestar emocional está estrechamente relacionado con tu salud física. Cuando estás estresado o ansioso, tu cuerpo puede reaccionar con tensión, dolores de cabeza o incluso problemas digestivos. Por el contrario, cuando realizas actividades de auto-cuidado, como meditar, hacer ejercicio o pasar tiempo haciendo cosas que te gustan, tu cuerpo responde liberando sustancias químicas que te hacen sentir bien, como las endorfinas, que reducen el estrés y mejoran tu estado de ánimo.

Es como un hermoso ciclo: cuidar de tu bienestar emocional mediante rutinas de autoalimentación puede conducir a una mejor salud física y viceversa. Así que no subestimes el poder de una buena noche de sueño, una comida nutritiva o un baño rela-jante. Estos sencillos actos de amor propio pueden tener un profundo impacto en cómo te sientes, tanto mental como físi-camente.

Todos tenemos nuestras luchas, y pedir apoyo cuando es necesario está perfectamente bien. Rodéate de gente que te eleve y te anime. Te animo a que empieces a crear una rutina de autoayuda que te funcione. No hace falta que te lleve mucho tiempo ni que sea algo complicado. Empieza con pequeños pasos, como reservar unos minutos al día para respirar profundamente, escribir tus pensa-mientos en un diario o simplemente disfrutar de una taza de té en paz. Poco a poco, descubrirás que estos momentos de autocuidado aumentarán tu autoestima y aportarán más alegría y plenitud a tu vida.

ABRAZA EL VIAJE DE SANACIÓN

A veces la vida puede presentarnos desafíos, pero es esencial recordar que tenemos el poder de sanar y crecer. Así que, embarquémonos juntos en este viaje, y compartiré contigo algunas reflexiones.

Es crucial que decidas lo que realmente te importa. Tómate un momento para reflexionar sobre tu vida, tus valores y tus sueños. ¿Qué te da alegría? ¿Qué hace cantar a tu corazón? Éstas son las cosas que más importan. Tu viaje de sanación debería alinearse con tus valores y aspiraciones fundamentales.

A continuación, piensa qué quieres cambiar y por qué es tan importante para ti. Tal vez sea una relación que necesita arreglo, un cambio profesional o unos hábitos personales que te gustaría mejorar. Comprender el "por qué" de tu deseo de cambio te da un fuerte sentido de propósito. Alimenta tu motivación y determinación.

La historia de Kerri

Durante una sesión de EMDR, tuve dificultades para llegar a una revelación significativa. Mi terapeuta percibió que aún no había experimentado un avance y me preguntó si deseaba continuar. Acepté seguir adelante.

El proceso implicó repetición, frustración y una oleada de lágrimas que hacía difícil mantener la compostura. Con determinación, decidimos intentarlo una vez más y, de repente, todo encajó en su lugar.

En ese momento crucial, mis pensamientos se dirigieron hacia mi bisabuela, que aún está con nosotros, y el sufrimiento inimaginable que padeció a manos de su marido. Reflexioné sobre el calvario de abusos de mi abuela a manos de su padre y las experiencias de abandono de mi madre. El patrón se extendía también al otro lado de mi familia: mi padre, quien había sufrido tanto abandono como abusos, y mi abuelo, que había soportado su parte de abusos.

Este angustioso ciclo había persistido durante generaciones, a lo largo de más de un siglo. El peso de esta constatación fue abrumador. Llegué a comprender que los recursos y el apoyo de que yo disponía eran totalmente inexistentes para ellos. Muchos miembros de mi familia luchaban por cubrir incluso las necesidades más básicas, atrapados en la agonía de la pobreza.

La perspectiva de superar este trauma profundamente arraigado parecía desalentadora, rozando lo imposible. Históricamente, el estigma que rodea a la salud mental ha agravado la dificultad de encontrar un camino hacia la sanación. A pesar de los momentos de frustración con aquellos que disponían de los medios y el tiempo para sanar, durante aquella sesión me di cuenta de algo muy profundo: yo tenía el control de mi camino hacia la sanación.

A medida que la sesión se acercaba a su fin, fue tomando forma una poderosa revelación. Me quedó claro que una de las llamadas de mi vida es romper el ciclo del trauma generacional.

Ahora, aquí está la parte hermosa: encontrar significado y propósito en tu viaje de sanación. No se trata sólo de arreglar lo que está roto; se trata de convertirte en la mejor versión de ti mismo. Al emprender este camino, descubrirás fuerzas ocultas, una resiliencia que no sabías que tenías y una comprensión más profunda de quién eres.

CRONOLOGÍA DE LA SANACIÓN DEL NIÑO INTERIOR

Quiero que sepas que la paciencia y la persistencia son tus mejores amigas en este camino. Sanar a tu niño interior es un viaje profundamente personal y único. No hay un calendario único ni un plazo fijo para ello. No es como una carrera en la que debes llegar a la meta en una fecha determinada. Es más bien un hermoso viaje en el que cada paso que das es una victoria.

Piensa que es como plantar una semilla y cultivarla hasta que se convierta en un jardín próspero. No puedes apresurar el crecimiento de una planta. Necesita tiempo para echar raíces y luego hojas y, finalmente, dar frutos. Del mismo modo, tu niño interior necesita tiempo para sanarse, crecer y florecer.

A veces, puede parecer que el progreso es lento o incluso inexistente. Eso es completamente normal. Habrá altibajos, y no pasa nada. Al igual que un río, tiene sus giros y mareas. Estos momentos son oportunidades para aprender y crecer, aunque no lo parezca en ese momento.

Tu niño interior puede tener heridas profundas, y lleva tiempo desentrañarlas y curarlas. Pero recuerda que cada pequeño paso que das, cada momento que dedicas a comprender y alimentar a tu niño interior, es un paso más hacia la sanación.

Sé consciente de cómo te tratas a ti mismo a lo largo del camino. Intenta redirigir esa autoconversación negativa hacia la compasión personal. Lo estás haciendo lo mejor que puedes, y eso es realmente admirable.

ELEMENTO INTERACTIVO

Escritura en un diario

Será esencial continuar tu viaje de escritura en el diario mientras sanas tu niño interior. Esto te ayudará a aprender y reflexionar en el camino. A continuación, encontrarás 10 preguntas específicas para la sanación del niño interior:

1. ¿Quiénes fueron tus modelos a seguir o fuentes de inspiración en la infancia?
2. Comparte un recuerdo de tu infancia en el que, sin querer, causaste angustia emocional a alguien. ¿Puedes contar los detalles?
3. ¿Recuerdas tu primer recuerdo de la infancia?
4. Si tuvieras la oportunidad de enviar un mensaje a tu yo más joven a través de una carta, ¿qué te gustaría transmitirle?
5. Reflexiona sobre el aspecto más desafiante de tus primeros años.
6. Recuerda un momento de tu infancia en el que sintieras una profunda sensación de ligereza y alegría despreocupada.
7. ¿Cuál era tu juguete o pasatiempo preferido durante tu juventud?
8. En tus propias palabras, ¿qué significa para ti el término "infantil"?
9. ¿Puedes pensar en algo que te diera miedo cuando eras niño?
10. Si tuvieras que resumir tu infancia en una sola frase, ¿cómo la describirías?

Rutinas de autocuidado

Creemos una rutina diaria y mensual de autocuidado para nutrir y sanar a tu niño interior.

Rutina diaria de autocuidado:

- **Atención plena matutina:** Empieza el día con unos momentos de atención plena. Busca un lugar tranquilo, cierra los ojos, respira hondo y céntrate en el momento presente. Libérate de cualquier preocupación y abraza una sensación de calma.
- **Afirmaciones positivas:** Practica afirmaciones positivas para aumentar tu autoestima. Dite a ti mismo cosas como: "Soy amado", "Soy suficiente" y "Merezco la felicidad".
- **Escribir en un diario:** Dedica unos minutos a escribir en un diario cada mañana. Escribe tus pensamientos, sentimientos y cualquier sueño que recuerdes. Esto te ayudará a procesar las emociones y a comprender mejor las necesidades de tu niño interior.
- **Actividad física:** Practica alguna forma de actividad física que te guste, ya sea un paseo matutino, yoga o baile. El ejercicio libera endorfinas, que te hacen sentir más feliz y más conectado con tu cuerpo.
- **Expresión creativa:** Abraza la creatividad de tu niño interior. Dibuja, pinta, escribe o realiza cualquier actividad artística que te produzca alegría y te ayude a expresar tus emociones.
- **Nutrición saludable:** Nutre tu cuerpo con comidas sanas y nutritivas. Comer alimentos bien equilibrados puede influir positivamente en tu estado de ánimo y en tus niveles de energía.
- **Establecer límites:** Practica el establecimiento de límites saludables con los demás. Esto ayuda a proteger a tu niño interior del estrés y el malestar innecesarios.
- **Pausas de autocompasión:** A lo largo del día, haz pequeñas pausas para ofrecerte palabras amables y

autocompasión. Sé tan amable contigo mismo como lo serías con un niño.

- **Autocuidado nocturno:** Termina el día con una rutina relajante antes de acostarte. Esto podría incluir un baño caliente, un té calmante o la lectura de un libro que te haga sentir bien.

Rutina mensual de autocuidado:

- **Exploración del niño interior:** Dedica un día al mes a conectarte profundamente con tu niño interior. Reflexiona sobre tu pasado, tus experiencias infantiles y cualquier herida que necesites sanar. Escribe en tu diario sobre lo que surja.
- **Terapia o grupo de apoyo:** Considera la posibilidad de unirte a un grupo de terapia o de apoyo en el que puedas compartir tus experiencias y recibir orientación para sanar a tu niño interior.
- **Retiro en la naturaleza:** Planifica un retiro mensual en la naturaleza. Pasa tiempo al aire libre, ya sea haciendo senderismo por el bosque, descansando en la playa o simplemente sentándote en un parque. Estar en la naturaleza nos tranquiliza el alma.
- **Taller creativo:** Asiste a un taller o clase creativa. Esto puede ayudarte a explotar la creatividad de tu niño interior y darte la oportunidad de expresarte.
- **Actos de bondad:** Participa en actos de bondad hacia ti mismo y hacia los demás. Esto puede incluir el voluntariado, ayudar a un amigo o mimarte con un día de spa.
- **Revisión del autocuidado:** Tómate un día al mes para reevaluar tu rutina de autocuidado. ¿Necesitas hacer algún ajuste? ¿Te estás dando el amor y la atención que mereces?

- **Practica el perdón:** Dedica tiempo a perdonarte a ti mismo y a los demás por cualquier herida del pasado. Ten presente que el perdón puede ser una herramienta poderosa para sanar a tu niño interior.
- **Ritual de gratitud:** Crea un ritual de gratitud en el que escribas las cosas por las que estás agradecido en tu vida. Esto te ayudará a centrarte en lo positivo y cultiva una sensación de abundancia.

Al concluir este capítulo sobre el arte transformador de reparentalizar a nuestro niño interior, quiero que te tomes un momento para reconocer el increíble progreso que ya has logrado en tu viaje de autodescubrimiento y sanación. Has explorado las profundidades de tu pasado, alimentando las partes heridas de ti mismo con amor, compasión y comprensión, y eso no es fácil.

En el siguiente capítulo exploraremos la intrincada red de la resistencia y el autosabotaje, ayudándote a comprender por qué, a veces, puedes encontrarte dando pasos hacia atrás a pesar de tus mejores intenciones. Desentrañaremos juntos las complejidades, arrojando luz sobre el camino hacia una mayor autoconciencia y guiándote hacia una transformación duradera y una paz interior. Estás haciendo un trabajo extraordinario, y creo en tu capacidad para superar cualquier obstáculo que se te presente. Mantén cerca a ese amoroso padre interior, pues será la luz que te guíe a través de los altibajos de tu viaje.

4

RESISTENCIA Y AUTOSABOTAJE

 La sanación requiere valentía, y todos tenemos valentía, aunque tengamos que escarbar un poco para encontrarla.

— TORI AMOS

Es hora de arremangarnos y sumergirnos en el proceso de sanación de ese niño interior herido que llevamos dentro. Es un viaje lleno de esperanza, compasión y la promesa de un futuro más brillante y con más poder. Así que, preparémonos para volver a conectar con ese niño interior y ofrecerle el amor, el cuidado y la crianza que ha estado anhelando.

Empecemos por algo importante: el autosabotaje involuntario. El cambio puede ser aterrador, incluso cuando se trata de un cambio para mejor. Tu niño interior puede resistirse a la sanación porque se siente cómodo con lo familiar, aunque lo familiar sea el dolor. Puede que te sorprendas a ti mismo poniendo excusas o evitando el trabajo necesario para sanarte. Eso también es normal. Reconocer el autosabotaje es el primer paso para superarlo. Pregúntate: "¿Me estoy conteniendo porque tengo miedo de lo que me espera?". Recuerda, está bien tener miedo, pero no dejes que el miedo te impida la sanación que mereces.

Otro reto al que podrías enfrentarte son las reacciones de los demás. La gente que te rodea, incluso amigos y familiares bienintencionados, podrían resistirse a tus cambios. Pueden estar acostumbrados a la "antigua" versión de ti mismo y no entender tu necesidad de sanación. Esto puede ser difícil de manejar, pero recuerda que se trata de ti, no de ellos. No puedes controlar cómo reaccionan los demás, pero puedes controlar cómo respondes tú. Sigue recordándote tu valor y la importancia de tu viaje de sanación.

Pregúntate: ¿estás dispuesto a permitir que las opiniones y reacciones de los demás obstaculicen tu progreso y tu felicidad?

HACER CONSCIENTE LO INCONSCIENTE

¿Te has preguntado alguna vez por qué reaccionas como lo haces en determinadas situaciones o por qué ciertos patrones parecen repetirse en tu vida? Pues bien, una parte importante de la respuesta reside en nuestra mente subconsciente. Nuestro subconsciente es como un vasto depósito de recuerdos, creencias y experiencias que hemos acumulado desde la infancia. Estas experiencias han conformado la forma en que nos vemos a nosotros mismos y al mundo.

Piénsalo por un momento: Esas experiencias tempranas con nuestros cuidadores, compañeros y entorno desempeñan un papel importante en la formación de nuestras creencias sobre el amor, nuestro propio valor y la seguridad. Estas creencias, a menudo enterradas en lo más profundo de nuestro subconsciente, siguen influyendo en nuestros pensamientos, emociones y comportamientos de adultos.

Entonces, ¿por qué es esencial hacer consciente lo inconsciente? Porque no podemos sanar de lo que no reconocemos. Al sacar a la superficie estas creencias y recuerdos ocultos, adquirimos el poder de transformarlos. Podemos reescribir las historias que nos contamos sobre quiénes somos y lo que merecemos. Es como hacer brillar una luz en los rincones oscuros de tu mente para revelar las telarañas que te han estado reteniendo.

Hablemos ahora de cómo funciona el subconsciente. Nuestro subconsciente funciona según ciertas reglas, y es vital que las comprendamos para trabajar eficazmente en la sanación. No distingue entre pasado y presente, y no juzga ni cuestiona la información que recibe. Simplemente acepta y actúa según las creencias y recuerdos almacenados en su interior.

Imagina tu subconsciente como un programa informático leal pero algo anticuado. Ha estado funcionando en segundo plano, siguiendo las instrucciones que recibió cuando eras niño. No sabe que algunas de esas instrucciones podrían estar desactualizadas, ser inútiles o incluso perjudiciales.

Así que, la pregunta es ¿Cómo podemos evitar los peligros de recrear recuerdos y perpetuar pautas negativas? Bien, podemos tomar conciencia de nuestros pensamientos y comportamientos. Empieza a preguntarte por qué reaccionas como lo haces en determinadas situaciones. ¿Por qué tienes determinados miedos, inseguridades o creencias limitantes?

Desafía esas creencias y cuestiona su validez. ¿Se basan en tu realidad actual o son reliquias del pasado? Si iluminas estos patrones y eliges conscientemente cambiarlos, podrás liberarte del ciclo de recreación de recuerdos dolorosos.

TIPOS DE DESAFÍOS PARA LOS QUE DEBES ESTAR PREPARADO

¿Te has preguntado a qué desafíos podrías enfrentarte en el camino? Si los examinas, podrás estar preparado y ser resiliente.

El viaje de sanación a menudo implica volver a visitar recuerdos dolorosos. Al ahondar en tu pasado, es natural que resurjan traumas y ansiedad. Esto puede ser duro, pero recuerda que eres más fuerte de lo que crees. Cuando surjan estas emociones, respira hondo y recuérdate que estás a salvo en el presente.

A veces, puede parecer que tus emociones trabajan en tu contra. Puede que te resistas a sentir ciertas cosas porque te resultan incómodas o dolorosas. Pero recuerda, sanar significa enfrentarse a esas emociones de frente. Acéptalas, porque forman parte de ti y tienen valiosas lecciones que enseñarte.

El crítico interior y la duda sobre uno mismo pueden ser como compañeros constantes en tu viaje de sanación. Te dirán que no eres lo suficientemente bueno y que no mereces la sanación. Pero déjame decirte algo: te la mereces absolutamente. En los próximos capítulos exploraremos estrategias para hacer frente a estos detractores internos, así que sigue avanzando.

Liberarse de los patrones parentales negativos puede ser un desafío. Es posible que sientas que estás traicionando a tu familia o haciendo algo malo. Pero recuerda que tu viaje hacia la sanación consiste en convertirte en la mejor versión de ti mismo, no en hacer daño a nadie más. Exploraremos este tema en profundidad en los próximos capítulos.

Establecer límites puede ser difícil, sobre todo si estás acostumbrado a anteponer las necesidades de los demás a las tuyas. Pero recuerda que establecer y hacer cumplir tus límites es una parte crucial del autocuidado. Exploraremos esto con más detalle en el Capítulo 11, así que permanece atento.

No es raro sentir culpa o tener una baja autoestima cuando comienzas a mostrarte compasivo contigo mismo. Podrías pensar: "¿No debería ser duro conmigo mismo?" Pero la autocompasión es la clave para sanar. Acéptala y no dejes que la culpa te detenga.

Habrá momentos en los que tengas ganas de rendirte o te preguntes si todo esto vale la pena. Durante esos momentos, pregúntate: "¿Estoy dispuesto a renunciar a convertirme en la mejor versión de mí mismo?". Mantén la vista en el objetivo a largo plazo.

Abrirte a las heridas y vulnerabilidades de tu niño interior puede dar miedo. Puede presentarse el miedo al rechazo. Pero recuerda que las conexiones verdaderas se construyen sobre la autenticidad. Acepta tu vulnerabilidad y descubrirás que puede ser una fuente de fortaleza.

CÓMO RECONOCER EL AUTOSABOTAJE Y QUÉ HACER AL RESPECTO

¿Alguna vez has sentido que estabas a punto de conseguir algo verdaderamente importante, sólo para tropezar y caer en el último obstáculo? Tal vez hayas experimentado el peso del estrés y la ansiedad mientras perseguías un objetivo importante, dejándote frustrado, desanimado e incluso enfadado contigo mismo. Estas emociones pueden crear un ciclo asfixiante que te impide avanzar. Pues bien, lo que estás experimentando es autosabotaje, y yo estoy aquí para ayudarte a reconocerlo y superarlo.

El autosabotaje es como una mano invisible que va minando tu confianza en ti mismo y tu autoestima, afectando a tus objetivos personales y a tus relaciones con los demás. Puede manifestarse de diversas formas, únicas para cada persona, pero hay patrones comunes que podemos reconocer.

Por ejemplo, podrías "olvidar" un plazo crítico o arruinar una presentación crucial. Tal vez la puntualidad no sea tu fuerte, o tengas una inclinación a procrastinar a pesar de saber la urgencia de una tarea. Tal vez seas excelente comenzando proyectos pero luches por terminarlos, o sueñes con hacer algo realmente significativo pero no puedas dar ese primer paso. Incluso podrías encontrarte inexplicablemente paralizado cuando deberías estar avanzando, como si una fuerza invisible te estuviera sujetando.

En la raíz del autosabotaje suele haber un diálogo interno negativo. Puede que te digas a ti mismo que no eres lo suficientemente bueno o que no mereces el éxito. Pensamientos como "¡No puedes hacerlo!" o "Si lo intentas, probablemente fracasarás de todos modos" pueden convertirse en la banda sonora de tu vida.

Ahora bien, es esencial reconocer que todos hemos bailado con el autosabotaje en algún momento, pero algunos bailamos con él con más frecuencia. Lo difícil es reconocer cuándo estamos en las garras del autosabotaje, porque puede reforzar los sentimientos de inutilidad y hacer que esos pensamientos negativos parezcan válidos.

Pero aquí está la parte edificante: puedes liberarte del autosabotaje y sustituirlo por la autoconfianza. Puedes iniciar este proceso con unas cuantas acciones prácticas:

Acción 1: Reconoce tus comportamientos autosaboteadores

El primer paso para superar el autosabotaje es identificar tus comportamientos autosaboteadores. Piensa en los objetivos que tienes desde hace años pero que no has conseguido. ¿Hay áreas en las que retrasas sistemáticamente las decisiones o careces de motivación, incluso para asuntos importantes? Tómate un momento para reflexionar sobre aquello en lo que fracasas habitualmente, aparentemente sin motivo, y considera cómo afecta a los que te rodean.

Sé que puede resultar incómodo hacerse estas preguntas, pero es esencial sintonizar con estas situaciones para poder comprender mejor lo que está ocurriendo.

Acción 2: Comprende las emociones que conducen al comportamiento

El autosabotaje suele brotar de emociones como la ansiedad, la ira y los sentimientos de inutilidad. Digamos que dejaste un informe sin terminar porque tu jefe parecía distante, y eso te disgustó. Tu reacción emocional te llevó a una acción autodestructiva, a pesar de que tu jefe probablemente estaba preocupado por otros asuntos.

Es esencial que aprendas a gestionar tus emociones para que no te lleven a comportamientos negativos. Mantente atento a los signos de ira y ansiedad antes de que se intensifiquen.

Acción 3: Detecta el pensamiento o las creencias que causan la emoción

Las emociones que desencadenan el comportamiento autosaboteador suelen tener su origen en pensamientos irracionales. En nuestro ejemplo, puedes decirte a ti mismo: "Soy un fracaso; ¡seguramente mi jefe ya se ha hartado de mí!". Pero recuerda que tu jefe podría tener otras cosas en la cabeza.

Cuando te encuentres realizando conductas de autosabotaje, controla tu "flujo de conciencia" y anota todos esos pensamientos negativos en tu diario, por poco realistas que parezcan.

Acción 4: Cambia tus comportamientos, emociones y pensamientos

A medida que te vuelvas consciente de las emociones, los comportamientos y los pensamientos que alimentan el autosabotaje, es hora de desafiarlos. Cambiar solo uno de estos aspectos puede facilitar el cambio de los demás.

Acción 5: Desarrolla comportamientos de autoapoyo

Ahora, vamos a reconstruir tu autoestima. Hazte preguntas positivas y alentadoras como:

- ¿Qué puedo decirme a mí mismo que sea edificante?
- ¿Existen varias formas de alcanzar mi objetivo?
- ¿Cómo puedo aumentar mi confianza realizando pequeñas tareas en el camino hacia otras mayores?

Utiliza tus respuestas para elaborar un mensaje motivador. Por ejemplo: "Aunque no termine este proyecto a tiempo, sé que tengo las habilidades necesarias para superarlo. Cuando empiece, liberaré el estrés y la ansiedad que he estado arrastrando". Escribe estos mensajes en tu diario para poder reflexionar sobre ellos.

ELEMENTO INTERACTIVO

Lista de comprobación de comportamientos de autosabotaje

Me gustaría comenzar animándote a crear una lista de control de los comportamientos de autosabotaje y a encontrar opciones alternativas para nutrir a ese niño interior que llevas dentro.

Autocrítica negativa: ¿Te criticas y menosprecias constantemente?

- Alternativa: Practica la autocompasión. Sustituye esos pensamientos negativos por afirmaciones positivas. Trátate con amabilidad y amor.

Procrastinación: ¿Estás posponiendo tareas y objetivos importantes?

- Alternativa: Divide las tareas en pasos más pequeños y manejables. Prioriza y realiza pequeñas acciones cada día para tomar impulso.

Perfeccionismo: ¿Te esfuerzas por alcanzar una perfección imposible?

- Alternativa: Acepta la imperfección. Comprende que cometer errores es una parte natural del crecimiento. Aspira al progreso, no a la perfección.

Complacer a la gente: ¿Buscas constantemente la aprobación y validación de los demás?

- Alternativa: Céntrate en tus necesidades y valores. Di no cuando sea necesario y respeta tus límites.

Evitación: ¿Evitas enfrentarte a traumas del pasado o a emociones incómodas?

- Alternativa: Busca ayuda profesional si es necesario. Reconoce tus sentimientos y trabájalos, permitiendo que se produzca la sanación.

Comparación: ¿Te comparas a menudo con los demás, lo que te provoca sentimientos de inadecuación?

- Alternativa: Celebra tu singularidad. Reconoce que el viaje de cada persona es diferente, y que tú estás exactamente donde necesitas estar.

Autoaislamiento: ¿Te alejas de las relaciones sociales?

- Alternativa: Busca el apoyo de amigos y seres queridos. Las conexiones humanas son vitales para la sanación.

Consumo sin sentido: ¿Estás utilizando distracciones como un exceso de televisión, redes sociales o sustancias para adormecer tu dolor?

- Alternativa: Participa en actividades conscientes como la meditación, llevar un diario o aficiones que fomenten la autoconciencia y el crecimiento.

Autocuidado: ¿Estás descuidando tu cuidado personal en términos de salud física, nutrición y descanso?

- Alternativa: Da prioridad a los rituales de autocuidado que nutran tu cuerpo y tu alma. Trátate con amor y respeto.

Miedo al éxito: ¿Tienes miedo de desarrollar todo tu potencial?

- Alternativa: Acepta tus puntos fuertes y tus logros. Visualiza el éxito y confía en tus capacidades.

Ahora, continuemos con la escritura en un diario, ¿te parece?

- **Indicaciones para el diario:** Reflexiona sobre un comportamiento de autosabotaje de la lista de control que más resuene en ti. Escribe una situación concreta en la que este comportamiento te haya frenado en el pasado. A continuación, explora las opciones alternativas que puedes tomar para superarlo. ¿Cómo influirá positivamente este cambio en el viaje de sanación de tu niño interior?

Al pasar a la Segunda Parte de este libro, tu viaje de sanación continuará con siete pasos empoderadores que te guiarán para reconectar con tu niño interior y nutrirlo. Juntos, nos embarcaremos en este camino de autodescubrimiento, compasión y crecimiento que no sólo reparará las heridas del pasado, sino que también te empoderará para crear un futuro más brillante y digno.

PARTE II

SEGUNDA PARTE: QUE COMIENCE LA SANACIÓN

5

PASO 1: RECONECTA CON TU NIÑO INTERIOR

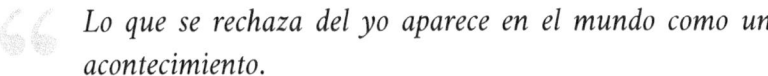 *Lo que se rechaza del yo aparece en el mundo como un acontecimiento.*

— KARL GUSTAV JUNG

Te habrás dado cuenta de que últimamente todo el mundo parece hablar de su niño interior. Está por todas partes en las redes sociales, especialmente en TikTok. La gente comparte sus experiencias, participa en actividades de sanación e incluso mantiene conversaciones con su yo más joven. Pero puede que te preguntes a qué viene tanto revuelo y por qué debería importarte.

Bueno, déjame decirte que este concepto no es nuevo en absoluto. De hecho, se remonta a unos cien años atrás, cuando el famoso psicólogo Carl Jung lo introdujo en el mundo. Creía que nuestro niño interior, la parte de nosotros que se aferra a las emociones y experiencias de nuestra juventud, desempeña un papel crucial en la configuración de nuestra vida adulta (Haupt, 2023).

A medida que explores este tema, poco a poco irás siendo más consciente de la presencia de tu niño interior dentro de ti. Y recuerda, está bien ser amable y paciente contigo mismo durante este proceso. Tu niño interior merece amor y atención, al igual que cualquier otra parte de ti.

Profundizaremos en las técnicas de sanación del niño interior, en cómo nutrir a tu niño interior y en las increíbles transformaciones que pueden derivarse de esta práctica. Pero por ahora, simplemente debes dar ese primer paso de reconocimiento.

LA HISTORIA DE MICHELLE

Érase una vez una persona muy parecida a ti y a mí. Se llamaba Michelle. Tenía un trabajo estable y aparentaba estar bien arreglada por fuera, pero bajo esa fachada se escondía una profunda lucha: las secuelas de una infancia problemática. Esta historia comienza cuando ella tenía sólo siete años, una edad en la que debería desbordar asombro y seguridad.

A esa tierna edad, su vida dio un giro abrupto. Los padres de Michelle, que deberían haber sido fuente de amor y consuelo, comenzaron a maltratarse mutuamente, creando una atmósfera de distanciamiento emocional que se extendió a sus hijos. Aquellos padres que habían sido alguna vez muy afectuosos se transformaron en figuras distantes, que residían en habitaciones separadas, absortos en las pantallas brillantes de los televisores o en las páginas de los libros. Pasaban los días sin intercambiar palabras.

¿Te imaginas volver a casa de la escuela, rebosante de ilusión por compartir tu día, para encontrarte con miradas frías y vacías? Es una soledad que cala el alma. Con el tiempo, Michelle sintió que se desvanecía lentamente en la oscuridad: ¿acaso seguía existiendo?

La soledad se convirtió en su realidad cotidiana, en parte de su propio ser.

Para cuando cumplió once años, Michelle ya dominaba el arte de ser una adulta en el cuerpo de una niña. Preparaba sus comidas, cuidaba de su higiene, sobresalía académicamente e incluso asumía el papel de cuidadora de su madre y su hermano pequeño. Llevaba con orgullo la etiqueta de "niña perfecta", ganándose los elogios de los profesores, la familia y la sociedad debido a su madurez. Sin embargo, bajo la superficie, formar conexiones genuinas con los demás seguía siendo un desafío difícil de alcanzar. Tenía la sensación de vivir en un mundo rodeado de muros de hormigón impenetrables, siempre observando a los demás, pero sin conectar nunca de verdad.

La ansiedad se convirtió en la compañera constante de Michelle, haciéndose eco de las preocupaciones de una niña sin hogar. ¿Habría suficiente comida hoy? ¿Cómo llegaría a la escuela si perdía el autobús? ¿Y si se enfermaba? ¿Dónde dormiría si se quedara fuera? ¿Y si alguien le hacía daño?

De adulta, Michelle recibió un diagnóstico de trastorno de ansiedad generalizada y llegó a comprender que su ansiedad tenía su origen en la negligencia sufrida durante su infancia. De niña había desarrollado estrategias de supervivencia: perseguir la perfección, permanecer invisible y acaparar lo esencial. Estas tácticas le habían garantizado la supervivencia en el pasado, pero ahora se interponían en su camino hacia el crecimiento personal.

Luchar por la perfección significaba evitar cualquier error a toda costa. Michelle deseaba haberse enfrentado a unos matones, pero la autoridad de sus padres tenía un control aún más aterrador. Mantenerse invisible exigía congelar su cuerpo y sus emociones. Esta tensión constante le provocó dolores de cabeza, musculares y úlceras. Acaparar comida y medicamentos se convirtió en una necesidad, impulsada por un miedo siempre presente a lo peor, y ocultó sus emociones tras una conducta estoica.

Los padres de Michelle rara vez mostraban emociones y, cuando lo hacían, era de forma impredecible e insegura. Su felicidad o emoción a menudo provocaban irritación y decepción en su padre, ensombreciendo su alegría.

Sin embargo, a medida que Michelle ingresó a la adultez, comenzó a darse cuenta de que los mismos mecanismos de supervivencia que una vez la protegieron se habían convertido en fuentes de su ansiedad. ¿Cómo podría liberarse de estos instintos profundamente arraigados? ¿Cómo podría volver a ser la persona que siempre había sido?

El viaje de Michelle hacia la sanación abarcó tanto la terapia como el entrenamiento en defensa personal. Mediante la terapia EMDR y la defensa personal IMPACT, emprendió el camino del autocuidado, ofreciendo a su niña interior una segunda oportunidad de recibir el cariño que merecía. La clave de esta transformación: se convirtió tanto en la madre como en la niña. Todo comenzó por una reconexión con la niña desatendida que llevaba dentro.

BENEFICIOS DE VOLVER A CONECTAR CON TU NIÑO INTERIOR

Reconectar con tu niño interior te permite acceder a esos aspectos puros y sin filtros de ti mismo que podrías haber enterrado bajo las responsabilidades y el estrés de la edad adulta. Cuando abrazas a tu niño interior, puedes comprender mejor tus verdaderos deseos, pasiones y valores. Es como redescubrir a un viejo amigo: ¡puede que te sorprenda lo mucho que lo has echado de menos!

Ahora bien, ¿qué hay del profundo potencial de sanación? Reconectar con tu niño interior puede ser una herramienta increíblemente poderosa para curar heridas y traumas del pasado. Mediante la autocompasión y la autoaceptación, puedes proporcionar la crianza y el amor que tu niño interior puede haberse perdido. Esta sanación interior puede conducirte a un estado emocional más equilibrado y resiliente, que te ayudará a afrontar los desafíos de la vida con mayor facilidad.

Lo siguiente es potenciar la creatividad y el aspecto lúdico. ¿Recuerdas lo creativo y juguetón que eras cuando eras niño? Reconectar con esa parte de ti mismo puede desbloquear un manantial de creatividad que quizá no sabías que existía. Puede hacer que tu vida cotidiana sea más agradable, infundiéndole un sentido de asombro y curiosidad. Encontrarás alegría en cosas sencillas, como dibujar, bailar o simplemente soñar despierto.

Hablando de alegría, es otro beneficio fantástico. Reconectar con tu niño interior puede devolverte esa sensación infantil de asombro y entusiasmo por la vida. Empezarás a fijarte en los pequeños y bellos momentos que antes te pasaban desapercibidos. Es como ver el mundo con ojos nuevos, y puede aportarte una inmensa felicidad.

Así que, en pocas palabras, redescubrir a tu niño interior es un viaje hacia la autoconciencia, la sanación, la creatividad y la alegría. Es como darte permiso para ser tu yo auténtico, juguetón y alegre.

SEÑALES DE QUE ESTÁS DESCONECTADO DE TU NIÑO INTERIOR

Me gustaría dedicar un momento a hablar de los signos que pueden indicar que estás desconectado de tu niño interior, así como de las razones que hay detrás de ello.

Identifiquemos los indicadores emocionales y de comportamiento de una conexión debilitada:

- **Insensibilidad emocional:** Si a menudo te sientes emocionalmente distante, como si te limitaras a vivir sin sentir realmente alegría o tristeza, puede ser un signo de desconexión con tu niño interior.
- **Dificultad para establecer límites:** Luchar para decir que no o sobrecargarte constantemente para complacer a los demás puede indicar que no estás satisfaciendo las necesidades de tu niño interior.
- **Perfeccionismo:** Un deseo implacable de perfección puede derivarse de una falta de autocompasión y puede ser un indicador de que estás reprimiendo el deseo de juego y creatividad de tu niño interior.
- **Evitar la vulnerabilidad:** Si te resulta difícil abrirte a los demás o expresar tus verdaderos sentimientos, podría deberse a que has enterrado esas emociones en lo más profundo de tu ser.

Es importante comprender el impacto del estrés, las responsabilidades y las expectativas sociales en la desconexión de tu niño interior.

La vida puede ser muy ajetreada, y a menudo nos encontramos enterrados bajo el estrés, las responsabilidades y las expectativas sociales. Estas presiones externas pueden hacer que nos desconectemos de nuestro niño interior de varias maneras:

- **Priorizando responsabilidades adultas:** Estamos tan atrapados en nuestros papeles de adultos -trabajo, facturas y obligaciones- que nos olvidamos de alimentar la necesidad de diversión y juego de nuestro niño interior.

- **Miedo a ser juzgado:** La sociedad puede ser crítica y hacernos sentir que tenemos que ajustarnos a ciertas normas. Este miedo a ser juzgados puede hacer que reprimamos los deseos y la autenticidad de nuestro niño interior. ¿Cuándo fue la última vez que soplaste burbujas? Exacto, la sociedad nos miraría, preguntándose por qué un adulto disfrutaría con esa actividad. No temas volver a esas actividades infantiles y creativas; calman el alma de nuestro niño interior.
- **Descuidar el cuidado personal:** Cuando estamos ocupados cuidando de todos y de todo lo demás, a menudo descuidamos el cuidado de nosotros mismos. Esta negligencia puede llevarnos a un desapego emocional de nuestro niño interno.

Formas sutiles en las que podrías haber reprimido o ignorado las necesidades de tu niño interior:

- **Ignorar tus pasatiempos:** ¿Has dejado de hacer cosas que antes te gustaban? Tal vez pintar, bailar o tocar un instrumento musical. Reconectarte con estas aficiones puede ayudarte a sanar a tu niño interior.
- **Descuidar la autocompasión:** A menudo nos castigamos por los errores. Practicar la autocompasión es como ofrecer un bálsamo calmante a tu niño interior.
- **Evitar la alegría:** ¿Evitas los momentos espontáneos de alegría? Abrazar a tu niño interior significa permitirte ser tonto y juguetón de vez en cuando. ¡Salta en el trampolín! ¡Tírate de bomba en la piscina! ¡Haz dibujos con tiza en la acera!
- **No escuchar tu intuición:** Tu niño interior suele comunicarse a través de tu intuición. Ignorarla puede provocar sentimientos de desconexión.

Recuerda, sanar a tu niño interior es un viaje, y nunca es demasiado tarde para comenzar. Empieza por reconocer estas señales, ser amable contigo mismo y dar pequeños pasos para reconectarte.

CÓMO RECONECTAR CON TU NIÑO INTERIOR

Estoy aquí para ofrecerte una breve orientación sobre cómo reconectar con tu niño interior. Es un hermoso viaje de autodescubrimiento y sanación, y me entusiasma poder ayudarte en este camino.

Crear confianza con tu niño interior es la clave. Imagina a tu niño interior como un pequeño tú vulnerable que necesita amor y consuelo. Crea un espacio mental seguro visualizando una habitación acogedora o un hermoso jardín donde puedas reunirte y conversar con tu niño interior. Este espacio está libre de juicios y lleno de calidez.

Abraza el sentido lúdico y la creatividad de tu niño interior. Participa en actividades artísticas como dibujar, pintar o hacer manualidades. Estas actividades pueden explotar la creatividad de tu niño interior, permitiendo que las emociones fluyan libremente. No hace falta que seas un artista profesional; el proceso importa más que el resultado.

Incorpora a tu rutina actividades lúdicas como bailar, cantar o soplar burbujas. Estas actividades pueden liberar bloqueos emocionales y fomentar una conexión más profunda con tu niño interior. Recuerda, se trata de divertirse y desinhibirse.

Practicar técnicas de atención plena puede ayudarte a estar más en sintonía con tus emociones y sensaciones presentes. Conectar con tu niño interior de esta manera es más que poderoso. Inténtalo:

1. Busca un lugar tranquilo y siéntate cómodamente.

2. Cierra los ojos mientras respiras lenta y profundamente.
3. Imagina que eres un niño, sintiéndote seguro y amado.
4. Pregunta a tu niño interior cómo se siente.
5. Escucha atentamente cualquier emoción o recuerdo que surja.

Las meditaciones guiadas diseñadas específicamente para el trabajo con el niño interior también pueden ser beneficiosas. Incorpora la atención plena a tu vida diaria para evitar futuras desconexiones y mantener un fuerte vínculo con tu niño interior.

Te estás embarcando en un hermoso viaje hacia el amor propio y la sanación, y yo estoy aquí para apoyarte en cada paso del camino. Sigue alimentando esa preciosa conexión con tu niño interior, y descubrirás una profunda sensación de sanación y alegría en tu vida.

ELEMENTO INTERACTIVO

Comencemos por encontrar un lugar tranquilo y cómodo. Siéntate o recuéstate, cierra los ojos y respira hondo, llenando completamente los pulmones. Exhala lentamente, liberando cualquier tensión que puedas estar reteniendo.

Inhala de nuevo y, al exhalar, deja que tu cuerpo se sumerja en la relajación. Siente el apoyo que hay debajo de ti y deja de lado cualquier preocupación o distracción por el momento.

Imagínate en un lugar tranquilo, quizá un prado sereno, una habitación acogedora o incluso tu lugar favorito de la infancia. Visualiza este lugar con todos los detalles que puedas. ¿Qué colores ves? ¿A qué huele? ¿Hay algún sonido, como el canto de los pájaros o una música suave? Cuando hago este ejercicio, siempre me vuelvo a situar en la cocina de mi abuela haciendo galletas. Siento su perfume y las galletas crocantes. Veo su delantal manchado. Puedo oír su risa vigorosa. ¿Cuál es tu lugar seguro y pacífico?

Ahora, centra tu atención en tu niño interior. Imagínatelo tan vívidamente como puedas. Observa su aspecto, su sonrisa y su forma de moverse. ¿Qué emociones ves en sus ojos?

Tómate un momento para conectar con tu niño interior. Acércate a él con delicadeza y dile que estás aquí para escucharlo y comprenderlo. Pregúntale cómo se siente, qué necesita y qué le gustaría compartir contigo.

Escúchalo atentamente y bríndale seguridad. Dile que lo quieres y lo aceptas tal como es. Abrázalo con calidez y compasión, asegurándole que estás aquí para protegerlo y apoyarlo.

Ahora, volvamos lentamente al momento presente. Respira hondo unas cuantas veces y, al exhalar, visualiza a tu niño interior fundiéndose con tu yo actual, trayendo su calidez, sabiduría e inocencia a tu vida.

Cuando estés preparado, abre suavemente los ojos y vuelve al presente, llevando contigo el amor y la conexión con tu niño interior.

Ejercicios de conexión con el niño interior

Es vital que permanezcamos conectados con nuestro niño interior. No olvides cuidar de ti mismo mientras lo haces. Me gustaría compartir contigo algunos ejercicios para hacerlo:

- **Conversa con una foto de tu infancia:** Coloca una foto de tu yo más joven donde puedas verla a diario. Dedica un momento cada día a saludar a tu niño interior en la foto y dile lo que necesita oír. Pueden ser palabras de ánimo, amor o consuelo. Puede sonar algo así como: "Estoy aquí para ti incondicionalmente. Te protegeré y puedes confiar en mí".

- **Reconoce a tu niño interior:** A lo largo del día, recuérdate la presencia de tu niño interior. Siempre que te enfrentes a desafíos o emociones difíciles, reconócelo y ofrécele apoyo.

- **Autoabrazo diario:** Abrázate a ti mismo con un autoabrazo diario, visualizándolo como un gesto cariñoso hacia tu niño interior. Este sencillo acto puede proporcionarte una sensación de seguridad y cuidado.

- **Recuerdo alegre de la infancia:** Tómate un momento para evocar un recuerdo alegre de tu infancia. Visualízalo con todo detalle, saboreando los sentimientos positivos que te produce. Muchos de nosotros venimos de infancias traumáticas o tóxicas, y puede que sientas que entonces no había alegría para ti. No tengas miedo de centrarte incluso en las cosas más pequeñas. Tu manta favorita de niño, aquella vez que tu mejor amigo compartió contigo una magdalena, o despertarte con una capa de nieve en la mañana de Navidad.

- **Trabajo frente al espejo:** Ponte delante de un espejo y mírate a los ojos. Háblate a ti mismo con amabilidad, como si estuvieras hablando con tu niño interior. Ofrécele palabras de amor, ánimo y aceptación.

- **Carta a tu niño interior:** Este es un ejercicio importante. Intenta escribir una carta sincera a tu niño interior, expresándole tu amor, comprensión y apoyo. Recuérdale que estás ahí para él. Tómate tu tiempo. Por ejemplo, podrías escribir: "Sé que a menudo tenías miedo, pero ahora estoy aquí para protegerte y estamos a salvo".

- **Tiempo de juego:** Reserva momentos para el juego y la creatividad en tu vida cotidiana. Participa en actividades que te aporten alegría y espontaneidad, como saltar a la cuerda, bailar u hornear tus platos favoritos de la infancia.

Sugerencias para tu diario

Ha llegado el momento de sacar ese diario tan importante. Mientras reflexionas a través de este elemento interactivo, escribe lo que sientes. Repasa estas sugerencias para tu diario del niño interior:

1. **Reflexión sobre la infancia:** ¿Cómo fue tu infancia? Descríbela con tanto detalle como puedas recordar: lo bueno, lo malo y lo feo.
2. **Necesidades de la infancia:** ¿Qué era lo que más necesitabas de niño? Reflexiona sobre el apoyo emocional, la comprensión y los cuidados que necesitabas pero no recibiste.
3. **Impacto del juego en la infancia:** ¿De qué manera el juego en la infancia dio forma a la persona en la que te has convertido como adulto? Considera las influencias positivas y las habilidades que adquiriste.
4. **Palabras para tu yo más joven:** Si pudieras retroceder en el tiempo, ¿qué consejo o palabras de consuelo ofrecerías a tu yo más joven? Quizá quisieras hacerle saber que estará bien. Podría ser algo tan sencillo como "Eres digno y amado".
5. **Un día en la vida de tu niño interior:** Imagina un día típico en la vida de tu niño interior. Describe sus actividades, sentimientos e interacciones.
6. **Momentos desatendidos:** Recuerda un momento concreto en el que hayas sentido que tu niño interior estaba

desatendido o no era escuchado. Pregúntate qué
emociones asocias a ese recuerdo.

7. **Experiencias infantiles mixtas:** ¿Hubo periodos en tu
infancia en los que las cosas fueron por momentos buenas
y por momentos difíciles? Describe estos periodos mixtos
y su impacto.

8. **Cuestiones no resueltas:** ¿Hay alguna cuestión no resuelta
o algún trauma del pasado de tu infancia que crees que
necesitas abordar o sanar?

9. **Cosas que te molestan:** Enumera cinco cosas que te
molestan en tu vida actual o que arrastras de tu pasado.
Quizá tengas dificultades para confiar en los demás.
¿Podrías tener problemas para decir que no?

10. **Dejar ir:** ¿Qué desearías poder dejar ir para crear una
relación más sana y feliz con tu niño interior?

A medida que avances por estos ejercicios, sé amable contigo
mismo y recuerda que tienes el poder de nutrir y sanar esa parte
preciosa de ti.

En este capítulo, nos hemos embarcado en el Paso 1: un viaje enriquecedor para reconectar con nuestro niño interior, un paso vital
hacia la sanación y el autodescubrimiento. Hemos explorado el
significado de esta reconexión, descubriendo los profundos beneficios que aporta a nuestro bienestar emocional y crecimiento
personal.

A medida que avancemos, profundizaremos en las capas de las
experiencias de nuestro niño interior, comprendiendo las heridas
ocultas que pueden haber dado forma a nuestro yo adulto. En el
siguiente capítulo, Paso 2: Las heridas ocultas de tu niño interior,
exploraremos compasivamente las cicatrices y vulnerabilidades
que hay bajo la superficie, lo que nos capacitará para sanar y nutrir
aún más a nuestro niño interior.

6

PASO 2: CÓMO DESENTERRAR Y COMPRENDER LAS HERIDAS OCULTAS DE TU NIÑO INTERIOR

 Deja de tratar tu herida como si fuera algo que imaginaste. Si ves que la herida es real, entonces podrás sanarla.

— LEIGH

Los traumas infantiles y generacionales son más frecuentes de lo que crees. De hecho, es una estadística asombrosa que casi 3 de cada 4 niños (lo que equivale a unos impresionantes 300 millones de niños de 2 a 4 años en los Estados Unidos) sufren regularmente castigos físicos y violencia psicológica (*Maltrato Infantil*, 2022). Son números que impresionan, ¿verdad? Pero no se trata sólo de cifras. Se trata de las experiencias vividas por innumerables personas que llevan estas cicatrices hasta la edad adulta.

Pero aquí está la buena noticia: no estás solo en este viaje. Estoy aquí para guiarte con empatía, comprensión y estrategias prácticas que te ayuden a sanarte y a crecer. A medida que avancemos en este capítulo y a lo largo del libro, recuerda los siguientes puntos clave:

- **Tómatelo a tu ritmo:** La sanación no es una carrera. Es un viaje profundamente personal, y está perfectamente bien ir al ritmo que te resulte cómodo.

- **Nada de comparaciones:** Tu viaje es único, y compararlo con el de los demás no te servirá de nada. El hecho de que Judy, tu compañera de oficina presuma de todos los progresos que está haciendo en terapia y tú te sientas estancado no significa que no estés avanzando.

- **Acepta el dolor y la pena:** La sanación a menudo implica volver a pasar por recuerdos dolorosos. Está bien sentir tristeza, rabia o pena. Sé amable contigo mismo y permite que afloren estas emociones. Habrá días en los que no querrás salir de la cama. Otros días te sentirás fresco y revitalizado. Todo esto es normal.

- **Detente o ve más despacio si es necesario:** Si te parece abrumador, no dudes en hacer una pausa o dar pasos más pequeños. Tu bienestar es la máxima prioridad. A menudo me recuerdo a mí misma que la sanación suele ser un viaje que dura toda la vida y que hacer pausas puede recargar nuestras almas.

- **Reflexiona:** Recuerda reflexionar sobre el Capítulo 5 como si fuera tu caja de herramientas emocionales; es genial tenerla a mano.

- **Haz una pausa:** A lo largo de este viaje, es importante hacer una pausa y reflexionar sobre tus progresos. Aprovecha cada pequeña victoria y baila la danza de la felicidad. ¿Te has lavado el pelo hoy? ¡Disfruta de ese bowl de helado!

- **Busca ayuda cuando sea necesario:** La sanación puede ser desafiante, y no hay que avergonzarse por pedir apoyo. Ya sea de amigos, familiares o un profesional, no dudes en pedir ayuda. Yo siempre encuentro una "cita de amigas" programada con mi mejor amiga para descargarme.

En las páginas que siguen, examinaremos las raíces de las heridas de tu niño interior y, al final de este capítulo, tendrás una comprensión más clara de por qué determinadas experiencias te han dejado cicatrices. Así que, busca un sitio acogedor, una taza de té o de café, y comencemos juntos este viaje transformador. Tu niño interior está listo para recibir el amor y la sanación que tanto tiempo lleva esperando.

DESVELAR LAS CICATRICES OCULTAS DE TU NIÑO INTERIOR

Comencemos hablando de las heridas ocultas y de por qué son tan importantes.

Imagina tu corazón como un jardín, un hermoso espacio lleno de flores, pero bajo la tierra hay raíces de dolor y sufrimiento. Estas raíces son tus heridas ocultas. Pueden provenir de experiencias de la infancia, como sentirte desatendido, haber sido testigo de un conflicto o enfrentarte a un trauma. Estas heridas ocultas son el equipaje emocional que arrastramos del pasado, y pueden arrojar sombras sobre nuestro bienestar emocional.

¿Has sentido alguna vez una tristeza o una ira inexplicables que parecían surgir de la nada? Esas emociones podrían estar relacionadas con tus heridas ocultas. Cuando no reconocemos y sanamos esas heridas, pueden seguir afectándonos, como las malas hierbas que invaden tu jardín.

Aquí tienes una estrategia que puedes probar: tómate un momento para cerrar los ojos y visualizar tu jardín emocional. ¿Qué ves? ¿Hay flores vibrantes o raíces enredadas y retorcidas bajo la superficie? Esta sencilla visualización puede ayudarte a conectar con tus heridas ocultas.

Entonces, ¿por qué es importante descubrir estas heridas?

Bueno, nos permite ser más conscientes de nosotros mismos. Cuando comprendemos las raíces de nuestros sentimientos, comportamientos y reacciones, comprendemos por qué somos como somos. Esta autoconciencia es la piedra angular del crecimiento y la superación personales.

Debes ser consciente de que las heridas ocultas a menudo supuran bajo la superficie, afectando tu bienestar emocional. Abordar estas heridas puede ser extremadamente sanador. Es como atender una vieja herida física sin curar: una vez que la limpias y la tratas, el dolor comienza a remitir.

Muchos de nuestros comportamientos y dinámicas de relación de adultos están influidos por heridas de la infancia. Normalmente, son aquellas que hemos intentado enterrar o ignorar. Desvelarlas nos empodera para liberarnos de patrones perjudiciales y tomar decisiones más saludables en nuestras vidas.

Es importante que te des cuenta de que tus traumas pasados y tus cicatrices ocultas a menudo pueden tensar tus relaciones con los demás. Al abordar estas heridas, podrás comunicarte con más eficacia, confiar más fácilmente y establecer conexiones más profundas y significativas con quienes te rodean.

La historia de Chelsea

Los primeros años de Chelsea en la bulliciosa Toronto estuvieron llenos de adversidades. La adicción de su madre y el carácter abusivo de su padre ensombrecieron su infancia. Como hija única de una familia sumida en la pobreza, Chelsea se enfrentó a una inestabilidad constante, mudándose con frecuencia para escapar de los arrendadores.

Un símbolo perdurable de su difícil educación fue su aversión a los espaguetis enlatados, un recordatorio de las penurias de su familia. Ser testigo de los altercados físicos de sus padres dejó profundas cicatrices, que llevaron a Chelsea a reproducir el caos en sus relaciones adultas y en sus elecciones profesionales.

A los 50 años, Chelsea anhelaba una vida mejor. Buscó terapia para curarse de su pasado y aprendió a cuidarse a sí misma. Este viaje la llevó a su transformación, despojándose de las cargas de su educación. Las relaciones tóxicas comenzaron a desaparecer de su vida y encontró una carrera que la hizo feliz.

Chelsea acabó descubriendo la paz y la felicidad. Su historia demuestra que la sanación, el autodescubrimiento y la transformación son posibles, independientemente de las cicatrices del pasado. Es un testimonio de la resiliencia humana, el autocuidado y el poder de la terapia.

Al final, la historia de Chelsea nos recuerda que buscar la felicidad y sanar nuestras cicatrices ocultas puede conducirnos a un futuro más brillante. Si estás pensando en abordar las heridas de tu infancia, recuerda que mereces una vida libre de sus cargas.

¿Cómo se manifiestan las heridas invisibles de nuestra infancia en los comportamientos y relaciones adultas?

Exploremos cómo pueden manifestarse estas heridas:

- **Problemas de confianza:** Si creciste en un entorno en el que la confianza era constantemente vulnerada, puede que te resulte difícil confiar en los demás de adulto. Posiblemente estés en guardia todo el tiempo, esperando que la gente te decepcione. Esto puede dificultar la formación de relaciones sanas y seguras.

- **Autoestima baja:** Las heridas de la infancia pueden erosionar tu autoestima. Si te criticaron constantemente o te hicieron sentir indigno, es posible que de adulto te sientas inseguro y tengas una imagen negativa de ti mismo. Esto puede obstaculizar tu capacidad para hacerte valer y perseguir tus objetivos.
- **Patrones de comunicación:** La forma en que te comunicas en las relaciones puede reflejar lo que presenciaste en tu hogar. Si creciste en un hogar conflictivo o con falta de comunicación saludable, podrías tener dificultades para expresar tus sentimientos y necesidades de manera efectiva. Me gusta plantearlo de esta manera: nuestra primera experiencia de aprendizaje sobre cómo amar y funcionar en las relaciones proviene de lo que vemos de niños. Si tus padres eran volátiles o abusivos, ¿cómo podrías saber cómo desenvolverte en una relación normal? ¿Cómo comprenderías cómo comunicarte de forma saludable?
- **Evitación de la intimidad:** Las heridas de la infancia pueden hacerte desconfiar de la intimidad. Puedes temer la vulnerabilidad y alejar a la gente para protegerte de posibles heridas, lo que dificulta la creación de vínculos profundos.
- **Repetición de patrones:** A veces, las personas buscan inconscientemente relaciones que reproduzcan la dinámica de su infancia. Por ejemplo, si creciste con un padre controlador, puede que te sientas atraído por parejas controladoras sin darte cuenta. A menudo somos víctimas de la repetición de esos patrones generacionales tóxicos.
- **Mecanismos de afrontamiento:** Las heridas de la infancia suelen conducir al desarrollo de mecanismos de afrontamiento. Algunos pueden recurrir a comportamientos poco saludables como el abuso de

sustancias o comer en exceso para adormecer el dolor emocional.

- **Perfeccionismo:** Si te criaste en un entorno en el que se esperaba la perfección, es posible que arrastres la carga del perfeccionismo a tu vida adulta. Esto puede provocar ansiedad, agotamiento y relaciones tensas debido a expectativas poco realistas. Conozco a muchos adultos funcionales que lucharon durante años para determinar el origen de su ansiedad crónica. Tras descubrir algunas heridas infantiles ocultas, se descubrió que se debía a las expectativas de perfección de uno de sus padres o de ambos.
- **Dificultad para expresar emociones:** Suprimir las emociones puede haber sido un mecanismo de afrontamiento durante tu infancia. Como adulto, esto puede dificultar la expresión de tus sentimientos y la conexión emocional con los demás. Puede ser aterrador abrirte completamente porque esperas que la otra persona reaccione como lo hicieron las personas durante tu infancia. Si te confrontaron con burlas o haciéndote sentir avergonzado, eso es lo que esperarás en tus relaciones adultas.

Aquí tienes una estrategia para lidiar con tus heridas del pasado: imagínate a ti mismo abriendo esa mochila llena de creencias negativas y dejándola suavemente en el suelo. Reconoce que no son la verdad. Visualízate sacándolas, una a una, sustituyéndolas por afirmaciones de amor propio y autoestima.

Tu viaje para desvelar las cicatrices ocultas de tu niño interior es un acto de amor propio y autodescubrimiento. Esas heridas ocultas pueden estar afectándote más de lo que crees, pero al sacarlas a la luz, estás dando el primer paso hacia la sanación y el crecimiento personal.

EXPLORAR LOS ORÍGENES DE LAS HERIDAS OCULTAS

El trauma infantil puede compararse a un viejo libro que llevamos a la edad adulta, cuyas páginas están llenas de historias de nuestro pasado. Imagina este libro como una colección de capítulos, cada uno de los cuales representa diversas experiencias que vivimos durante nuestros primeros años. Estos capítulos podrían ser momentos de dolor físico, emocional o psicológico derivados de dinámicas familiares, acontecimientos que cambiaron nuestra vida o relaciones que grabaron marcas indelebles en nuestro corazón. Podemos estar ansiosos por pasar al siguiente capítulo, pero a veces puede resultar difícil simplemente pasar una página.

Piensa en esto: ¿Has sentido alguna vez una oleada de ansiedad, tristeza o ira aparentemente surgida de la nada? Es como una tormenta que se desencadena de repente en un día soleado. Estas tempestades emocionales suelen tener su origen en nuestras experiencias de la infancia.

Una clave para comprender las heridas ocultas es reconocer cómo pueden resurgir los recuerdos y emociones reprimidos. Piensa en ello como en una olla a presión. Cuando enterramos nuestros sentimientos y recuerdos en lo más profundo de nuestro ser, la presión aumenta con el tiempo. Al final, encuentra una forma de escapar, a menudo en forma de reacciones emocionales inexplicables, comportamientos autodestructivos o síntomas físicos.

Ahora, adentrémonos en algunas estrategias únicas que te ayudarán a navegar por este complejo terreno.

- **El diario como máquina del tiempo:** Toma un cuaderno y embarquémonos en un viaje hacia tu pasado. Escribe tus primeros recuerdos y las emociones asociadas a ellos. Utiliza un lenguaje descriptivo para recordar esos momentos vívidamente. Esto puede ayudarte a descubrir recuerdos reprimidos y a comprender su impacto en tu vida actual.
- **Conversaciones que sanan:** Antes he mencionado lo terapéutico que puede ser sentarse con un gran amigo y soltarlo todo. Tener a esa persona con la que puedes sentirte seguro y saber que no te juzgará te cambia la vida. Ha habido momentos a lo largo de mi vida en los que he tenido que ser mi propio sistema de apoyo, y tú también puedes hacerlo. No te pido que mantengas conversaciones en voz alta contigo mismo, aunque no me opongo a ello en absoluto, pero siéntete libre de escribirte una carta. ¡Inténtalo!
- **Expresión artística:** A veces, las palabras no bastan para expresar emociones profundas. Prueba pintar, dibujar o cualquier forma de expresión creativa que resuene contigo. Puede ser una forma poderosa de acceder al dolor oculto y liberarlo.
- **Meditación consciente:** Seré la primera en admitir que la meditación no siempre es fácil. Inténtalo. Imagínate en un bosque tranquilo. Mientras meditas, imagina que se abren puertas hacia varios rincones de tu pasado. Acércate a estos recuerdos con suave curiosidad, dejando que aflore cualquier emoción sin juzgarla. Esta práctica puede ayudarte a encontrar la paz con tus heridas ocultas.
- **Busca orientación profesional:** Si tus heridas ocultas son demasiado abrumadoras, considera la posibilidad de buscar ayuda profesional. Los terapeutas y consejeros pueden ser esa persona en la que vuelques todas tus

emociones y pensamientos sin miedo a ser juzgado o avergonzado.

Recuerda que explorar los orígenes de las heridas ocultas requiere tiempo, paciencia y cuidado. No estás solo en este viaje.

DESVELAR LAS HERIDAS OCULTAS MEDIANTE EL TRABAJO CON TU NIÑO INTERIOR

Antes de sumergirnos en esta sección, es importante reconocer que este proceso puede ser emocionalmente desafiante y puede hacer aflorar sentimientos y recuerdos intensos relacionados con traumas infantiles. Si tienes antecedentes de trauma o angustia emocional, procede con cautela y considera la posibilidad de buscar orientación y apoyo de un profesional de la salud mental. Cuidar de tu bienestar emocional es de suma importancia, y está bien dar siempre prioridad a tu salud mental.

¿Te has preguntado alguna vez por qué ciertas emociones, reacciones o miedos parecen perdurar en tu vida, aunque no puedas precisar su origen? Puede deberse a tu niño interior, la parte de ti que vivió la infancia y se aferra a esos recuerdos y emociones. El trabajo con nuestro niño interior es un poderoso proceso sanador que puede ayudarte a descubrir esas heridas ocultas y a crear un espacio enriquecedor para la sanación.

Piensa en tu mente como un almacén olvidado lleno de cajas. Entre ellas yacen emociones no procesadas y recuerdos de tu infancia, cuidadosamente guardados. Estas heridas invisibles pueden proyectar sombras sobre tus relaciones, tu autoestima y tu bienestar general. La buena noticia es que posees la capacidad de desembalar cuidadosamente esas cajas, curar esas heridas y allanar el camino hacia una vida más enriquecedora.

Empecemos por comprender cómo establecer un diálogo con tu niño interior. Piensa en tu niño interior como una versión más joven de ti mismo, quizá de 5 a 10 años. Este niño interior todavía arrastra las emociones, miedos y necesidades de aquella época.

Consejo 1: Ejercicio de visualización

Busca un espacio tranquilo y cómodo y cierra los ojos. Imagínate en un lugar tranquilo y sereno, como una pradera o una playa. Tiene que ser un lugar en el que te sientas tranquilo y seguro. Ahora, visualiza a tu yo más joven acercándose a ti. Éste es tu niño interior. Imagínatelo lo más vívidamente posible. ¿Qué aspecto tiene? ¿Cómo se siente? Inicia una conversación con él, preguntándole por sus sentimientos y necesidades. ¿Qué necesita este niño interior de tu yo adulto? Sé paciente y deja que el diálogo fluya con naturalidad.

Crear un espacio seguro para que tu niño interior exprese sus necesidades y heridas es vital. Tal como consolarías a un niño asustado, tienes que ofrecer esa misma compasión y amor a tu niño interior.

Consejo 2: Ejercicio de redacción de cartas

Toma papel y lápiz y escribe una sentida carta a tu niño interior. Imagina que hablas directamente con esa versión más joven de ti mismo. Reconoce su dolor, sus miedos y sus necesidades, y comprométete a estar a su lado y a apoyar su viaje de sanación. Este ejercicio puede ser increíblemente catártico y sanador. Tampoco tiene por qué ser algo puntual. Si sientes que estás luchando contra un problema que tienes de adulto, por ejemplo, la ansiedad, escribe una nueva carta. Recuérdale a tu yo más joven que no tiene por qué ser perfecto. Que lo perfecto no existe, y que es bello tal como es.

EJERCICIOS PARA AYUDAR A PROCESAR EL TRAUMA

Me gustaría explorar cinco ejercicios que pueden ayudarte a procesar traumas pasados de forma segura y a tu propio ritmo.

1. **Exploración sensorial:** Participa en la exploración sensorial como medio para reconectarte con tu pasado y comprender tus emociones. Reúne objetos u olores que te recuerden a tu infancia, como un juguete de la niñez, una receta familiar o un aroma conocido. Pasa tiempo con estas señales sensoriales y permítete evocar recuerdos y emociones asociados a ellas. Este ejercicio puede ayudarte a procesar el trauma conectando con tu pasado a través de tus sentidos.

2. **Carta de cápsula del tiempo:** Crea una carta como una cápsula del tiempo para tu yo más joven. Escribe una carta sincera expresando comprensión, empatía y apoyo al niño que fuiste. Comparte tus ideas, lecciones y ánimos. Dobla la carta, colócala en un sobre y fija una fecha futura para abrirlo. Este ejercicio no sólo te permite expresar tus sentimientos, sino que también proporciona una forma simbólica de reconocer y sanar heridas del pasado.

3. **Sanación con visualizaciones guiadas:** Participa en ejercicios de visualización guiada específicamente diseñados para sanar traumas infantiles. Puedes encontrar grabaciones de audio o videos en Internet que te guíen a través de un viaje relajante y sanador. Estas sesiones suelen incluir visualizaciones y afirmaciones que te ayudarán a replantear y sanar los recuerdos dolorosos. Las imágenes

guiadas pueden proporcionarte una forma segura y estructurada de superar el trauma a tu propio ritmo.

4. **Mapeo corporal y liberación:** Nuestro cuerpo suele almacenar traumas y emociones. Prueba realizando un mapa corporal para identificar y liberar la tensión y las emociones almacenadas. Siéntate en un espacio tranquilo y concéntrate en cada parte de tu cuerpo, comenzando por los dedos de los pies y desplazándote hacia arriba. Presta atención a las zonas en las que sientas tensión, incomodidad o dolor. A medida que identifiques estas áreas, visualiza la liberación de las emociones asociadas a ellas. Puedes utilizar movimientos suaves, respiraciones profundas o incluso un ligero masaje para ayudarte en este proceso.

5. **Terapia del collage:** Crea un collage que represente tu viaje de sanación y las emociones relacionadas con tu trauma infantil. Reúne revistas, imágenes y palabras que resuenen con tus experiencias y emociones. Coloca estos elementos en una cartulina o en un diario para expresar tus sentimientos visualmente. La terapia del collage te permite acceder a tu subconsciente y puede proporcionarte ideas y una sensación de empoderamiento mientras superas tu trauma.

Estos ejercicios deben hacerse a tu nivel de comodidad. Es esencial que seas paciente contigo mismo y que pidas ayuda si la necesitas. Curarse de un trauma infantil es un viaje personal, y estos ejercicios pueden ser herramientas valiosas en tu camino hacia la recuperación.

TÉCNICAS TERAPÉUTICAS Y APOYO PROFESIONAL

¿Has oído hablar alguna vez de la EMDR, la experiencia somática o la arteterapia? No son sólo términos extravagantes; son herramientas poderosas que pueden ayudarnos a acceder a esas heridas ocultas que llevamos dentro. Es como iluminar los rincones oscuros de nuestro corazón y nuestra mente.

EMDR (según sus siglas en inglés) significa Desensibilización y Reprocesamiento por Movimientos Oculares. Es una forma especializada de psicoterapia desarrollada por Francine Shapiro a finales de la década de 1980. La EMDR se utiliza principalmente para ayudar a las personas a procesar y curarse de experiencias traumáticas, pero también se ha aplicado a otros problemas de salud mental, como la ansiedad, la depresión y las fobias (*¿Qué es la EMDR?*, 2022).

Así es como suele funcionar la terapia EMDR:

- **Evaluación:** El proceso comienza con una evaluación exhaustiva realizada por un terapeuta especializado en EMDR. Durante esta fase, tú y tu terapeuta hablarán de tu historia, tus síntomas y los recuerdos o experiencias concretos que quieres tratar en terapia. Es importante establecer una relación terapéutica de confianza durante esta etapa.
- **Desensibilización:** En la siguiente fase, te centrarás en un recuerdo traumático específico o en una experiencia angustiante. Mientras rememoras este recuerdo, realizarás una estimulación bilateral, que a menudo se consigue mediante movimientos oculares rápidos, aunque también pueden utilizarse otros métodos como el tapping (golpes suaves sobre determinadas partes del cuerpo) o la estimulación auditiva. Se cree que esta estimulación

bilateral imita el proceso natural de procesamiento de la memoria que se produce durante el sueño REM (movimientos oculares rápidos).

- **Procesamiento:** Mientras se produce la estimulación bilateral, tu terapeuta te guiará para que explores tus pensamientos, emociones y sensaciones físicas relacionadas con el recuerdo objetivo. El objetivo es ayudarte a procesar y replantear el recuerdo para que deje de desencadenar una angustia emocional intensa. Esta fase implica una serie de ciclos (normalmente de unos 20-30 segundos cada uno) de estimulación bilateral, mientras te centras en distintos aspectos del recuerdo.

- **Reprocesamiento:** Con el tiempo, la angustia asociada al recuerdo debería disminuir, y empezarás a formarte creencias más adaptativas y menos angustiosas sobre el acontecimiento traumático. Esencialmente, estás reprocesando el recuerdo para que ya no tenga tanta carga emocional.

- **Integración:** La fase final de la terapia EMDR consiste en integrar estas nuevas percepciones y creencias en tu vida cotidiana. Tu terapeuta te ayudará a aplicar los cambios que has hecho durante las sesiones de EMDR a tus experiencias y desafíos actuales.

Una de las ideas clave de la EMDR es que los recuerdos traumáticos pueden "atascarse" en el cerebro, provocando malestar emocional y síntomas como flashbacks, pesadillas y ansiedad. El objetivo de la EMDR es ayudar a desbloquear y reprocesar estos recuerdos, para que dejen de tener un control tan fuerte sobre tu bienestar mental y emocional.

La terapia EMDR se ha investigado ampliamente y ha demostrado su eficacia en el tratamiento del trastorno de estrés postraumático

(TEPT) y otros trastornos relacionados con el trauma. Sin embargo, es esencial trabajar con un terapeuta EMDR calificado y autorizado que haya recibido formación específica en este enfoque. Si estás considerando la terapia EMDR, también es una buena idea discutirlo con tu profesional de salud mental para determinar si es la adecuada para tus necesidades y circunstancias específicas.

La Experiencia Somática (SE) es un enfoque terapéutico desarrollado por el Dr. Peter A. Levine para ayudar a las personas a curarse de los efectos del trauma y el estrés. Se centra en la conexión mente-cuerpo y reconoce que el trauma no es sólo una experiencia mental o emocional, sino también física (Levine, 2023).

En la experiencia somática podrás experimentar (Levine, 2023):

- **Conciencia corporal:** El terapeuta ayuda al individuo a ser más consciente de las sensaciones físicas y las respuestas corporales asociadas al trauma o al estrés. Esto puede incluir tensión, dolor, temblor u otras sensaciones corporales.
- **Titulación:** La SE es suave e incremental, y se centra en marcar el ritmo del proceso terapéutico para evitar abrumar a la persona. Esto permite a la persona procesar las experiencias traumáticas a un ritmo manejable.
- **Seguimiento de las sensaciones:** El terapeuta ayuda al individuo a rastrear sus sensaciones corporales, animándole a notar y explorar las sensaciones físicas relacionadas con el trauma sin juzgarlas.
- **Completar la respuesta al estrés:** La SE pretende ayudar a las personas a completar las respuestas instintivas y biológicas al estrés que se interrumpieron durante el acontecimiento traumático. Esto suele implicar facilitar la descarga de la energía o la tensión almacenadas en el cuerpo.

- **Dotación de recursos:** El terapeuta ayuda al individuo a identificar y desarrollar recursos internos y externos para apoyar su proceso de sanación, proporcionándole una sensación de seguridad y apoyo durante la terapia.
- **Integración:** En última instancia, el objetivo de la Experiencia Somática es integrar la experiencia traumática en la vida de la persona de un modo que ya no perturbe su bienestar. Esto puede conducir a una reducción de los síntomas y a un aumento de la resiliencia.

La Experiencia Somática se utiliza a menudo para abordar diversos tipos de trauma, incluido el trauma físico, emocional o psicológico. Se considera un enfoque holístico que reconoce la profunda conexión entre el cuerpo y la mente en la experiencia y resolución del trauma. Como con cualquier enfoque terapéutico, es esencial trabajar con un terapeuta de Experiencias Somáticas formado y licenciado para obtener los mejores resultados.

LA HISTORIA DE THOMAS

Thomas, como muchos hombres, creció creyendo que mostrar emociones era un signo de debilidad. Así que reprimió su dolor, convencido de que era fuerte por hacerlo. Al crecer con una madre tóxica y un padre que les abandonó, le enseñaron que los hombres no muestran sus emociones. Hay que aguantarse y resistir.

Pero la vida tiene una forma curiosa de enseñarnos lecciones, y cuando Thomas se convirtió en padre, sintió un deseo irrefrenable de romper el ciclo.

Quería ser diferente para sus hijos, darles el amor y el apoyo que él nunca recibió. Fue entonces cuando se enfrentó a las heridas ocultas de su niño interior y buscó ayuda. No fue fácil. El estigma que rodeaba a los hombres que acudían a terapia le pesaba mucho, pero se dio cuenta de que la fortaleza no consistía en ocultar sus emociones, sino en afrontarlas.

Con la orientación de un terapeuta compasivo, Thomas inició el viaje de la sanación. Comenzó a desentrañar las enmarañadas emociones que había enterrado durante tanto tiempo. Mediante la experiencia somática, aprendió a conectar con la sabiduría de su cuerpo, comprendiendo las manifestaciones físicas de su dolor.

La arteterapia se convirtió en su refugio, donde podía expresar lo que las palabras no podían transmitir. La escultura le permitió dar forma a su confusión interior, haciéndola tangible y manejable. La EMDR le ayudó a procesar recuerdos traumáticos, liberándole de sus atormentadoras garras.

Entonces, ¿cuál es exactamente el papel de un terapeuta formado?

Bueno, son como guías expertos en este viaje. Crean un espacio seguro para que explores tus heridas ocultas, tomándote de la mano mientras te enfrentas a lo que ha quedado enterrado.

Los terapeutas están formados para hacer las preguntas adecuadas que te ayuden a sentirte escuchado y visto. Utilizan estos métodos terapéuticos para ayudarte a desentrañar las capas de dolor, pieza por pieza. Imagínatelos como cartógrafos expertos, que te ayudan a trazar el mapa de tu paisaje emocional.

Pero, ¿por qué buscar ayuda profesional cuando puedes hacerlo solo? Porque funciona. Los beneficios son profundos. Con el apoyo de un terapeuta, ganas claridad, resiliencia emocional y una comprensión más profunda de ti mismo. Aprendes cómo las heridas del pasado han influido en tus pensamientos, comportamientos y relaciones. Descubres que la sanación no consiste sólo en sobrevivir, sino en prosperar.

Si llevas heridas ocultas como Thomas, debes saber que nunca es demasiado tarde para buscar ayuda profesional. Aprovecha el poder de las técnicas terapéuticas y la orientación de terapeutas formados. Es un viaje que vale la pena emprender hacia una vida llena de sanación, crecimiento y libertad para ser tu auténtico yo.

ELEMENTO INTERACTIVO

Lista de comprobación de la zona de peligro: cuándo considerar la terapia

La terapia es una gran práctica para conectarte contigo mismo, y estoy aquí para ayudarte a elaborar una lista de comprobación para reconocer cuándo podría ser necesario el apoyo externo. La vida tiende a presentarnos diversos desafíos, y saber cuándo buscar ayuda es un aspecto fundamental del autocuidado.

Vamos a dividir esto en partes manejables, como lo haría un amigo de confianza:

Para esta tarea, quiero que crees una lista de control de la zona de peligro. En ella debes incluir los desencadenantes o las razones por las que necesitarías buscar ayuda. A menudo, cuando estamos en medio del problema, no vemos lo que realmente necesitamos. Con esta lista, podrás reflexionar sobre ello y actuar.

Imaginemos el siguiente escenario: tienes un asunto en la cabeza que ocupa una parte sustancial de tus pensamientos. Según las orientaciones de la Asociación Americana de Psicología, vale la pena considerar la terapia cuando (GoodTherapy, 2022):

- Hay un impacto perjudicial en tu ámbito estudiantil, laboral o en tus relaciones personales.
- El tema desencadena vergüenza o un deseo de evitar la interacción social.
- Está afectando tu calidad de vida en general o agravándola.
- Has comenzado a hacer cambios significativos en tu estilo de vida o has desarrollado hábitos de afrontamiento en respuesta al problema.
- Dedicas un tiempo diario considerable a pensar en el problema o a afrontarlo.

Para ponerlo en un contexto más relacionable, imagínate intentando gestionar una gran carga de trabajo en tu ámbito laboral, que te provoca noches de insomnio y ansiedad. Incluso has empezado a rechazar invitaciones sociales debido a tu preocupación por el trabajo. Esto es un claro indicador de que explorar la terapia podría ser beneficioso.

A veces, no se trata sólo de las horas invertidas, sino de las emociones que te invaden. Podría ser el momento adecuado para buscar ayuda si estás experimentando:

- Estrés abrumador, que te dificulta recuperar el aliento.
- Fatiga inexplicable o dificultad para levantarte de la cama.
- Ira inusualmente intensa o resentimiento persistente.
- Agorafobia, que es el miedo a lugares o situaciones concretas.
- pensamientos ansiosos o intrusivos persistentes que consumen tu espacio mental.
- Una sensación de apatía, donde los intereses que antes apreciabas se han desvanecido.
- Una desesperanza abrumadora o la creencia de que no tienes futuro.

- Tendencia a retraerte socialmente, incluso el mero pensamiento de socializar te provoca angustia.

Imagínate constantemente al límite, luchando por centrarte en cualquier otra cosa debido a los pensamientos acelerados. Estás perpetuamente cansado, e incluso la idea de pasar tiempo con amigos te parece un desafío insuperable. Estas señales son claros indicios de que puede haber llegado el momento de buscar ayuda profesional.

"Lista de control de "Calma rápida"

Ahora me gustaría que hicieras una lista de control para la "Calma rápida". Esta herramienta puede ayudarte a gestionar los momentos de emociones intensas. La vida puede volverse agitada y, a veces, necesitamos un método rápido para recuperar la compostura. Aquí tienes una sencilla lista de control para recordar:

- **D = Detente:** Detén todo; pulsa el botón de pausa en tus pensamientos acelerados.
- **R = Respira:** Respira profundamente unas cuantas veces para centrarte y comprometerte plenamente con el momento presente.
- **O = Observa:** Presta mucha atención a tu estado interior:
  - **Observa tu cuerpo:** ¿Qué sensaciones físicas notas (tacto, vista, oído, gusto, olfato)?
  - **Reconoce tus emociones:** ¿Qué sientes en este preciso momento?
  - **Reflexiona sobre tus pensamientos:** ¿Qué suposiciones estás haciendo sobre tus sentimientos y qué historias te estás contando a ti mismo?

- **P = Procede:** Tras esta autocomprobación, continúa con intención. Vuelve a tus actividades anteriores, pero esta vez incorpora lo que has aprendido de tus observaciones.

Visualiza una discusión acalorada con un ser querido. En lugar de permitir que domine la ira, utiliza esta lista de comprobación. Haz una pausa, respira, evalúa tu corazón acelerado y tus pensamientos agitados, y luego procede con un enfoque más sereno.

Recuerda siempre que está bien buscar ayuda cuando la necesitas. La terapia puede ser una valiosa herramienta para navegar por las complejidades de la vida, y no tienes por qué afrontarlas solo. Hay numerosos terapeutas disponibles, dispuestos a acompañarte en tu viaje hacia una vida más feliz y saludable.

Sugerencias para el diario

1. ¿Cuáles son tus primeros recuerdos de la infancia? Retrocede hasta donde puedas recordar. ¿Qué emociones asocias a esos recuerdos?
2. Reflexiona sobre un acontecimiento concreto de tu vida que creas que puede haber herido a tu niño interior. Describe cómo te impactó emocionalmente y cómo resuenan aún hoy esos sentimientos en ti.
3. Considera y escribe cualquier patrón negativo que hayas desarrollado a causa de esa herida interior.
4. Explora cualquier resistencia o miedo que puedas tener a enfrentarte a las heridas de tu niño interior. ¿Qué estrategia puedes utilizar para superar estos obstáculos y abrazar el proceso de sanación?
5. Conecta con un recuerdo positivo de tu infancia que contrarreste una herida oculta. Describe cómo revivir este recuerdo puede aportar sanación y resiliencia.

6. Considera el papel de la autocompasión en la sanación de heridas ocultas. ¿Cómo puedes cultivar una mentalidad compasiva hacia ti mismo mientras navegas por este viaje de sanación?

7. Imagina la persona en la que aspiras a convertirte después de abordar y sanar con éxito las heridas de tu niño interior. ¿Qué pasos de este capítulo puedes empezar a aplicar hoy para acercarte a esta visión?

Al explorar en el delicado paisaje de las heridas de nuestro niño interior con el Paso 2, desvelamos las partes tiernas de nuestro pasado que aún resuenan en nuestro presente. Reconocer estas heridas es el primer paso hacia la sanación. Pero recuerda que el viaje hacia la plenitud dista mucho del final; se trata simplemente de un cambio de dirección.

En el próximo capítulo, el Paso 3 nos hará explorar cómo, armados de autocompasión y perspicacia, podemos convertirnos en los padres cariñosos que anhelábamos en nuestra infancia. Es hora de guiar amorosamente a nuestro niño interior en la dirección de la sanación y el crecimiento que siempre ha merecido, cosiendo las piezas rotas con el hilo de la compasión y el autocuidado.

7

PASO 3: SER EL PADRE QUE NECESITASTE DE NIÑO

 La reparentalidad se suele enseñar a los padres porque es una forma de cuidar de ti mismo como adulto al mismo tiempo que cuidas de tus hijos y de abordar tu trauma infantil para no transmitírselo a tus pequeños.

— VEX KING

En las páginas que siguen, la intención es clara: introducirte en la profunda práctica de la reparentalización. Es un camino que implica atender a tu niño interior, reconocer esas necesidades emocionales olvidadas durante tanto tiempo y cultivar un sentimiento de amor y aceptación hacia uno mismo. Nos arremangaremos y realizaremos ejercicios reflexivos y prácticas de autocuidado enriquecedoras para ayudarte a descubrir el hermoso tapiz de ti mismo.

A medida que avancemos juntos en este capítulo, adquirirás las habilidades y conocimientos esenciales para embarcarte en un viaje transformador de sanación y autocapacitación. ¿No es fascinante que todos compartamos esta necesidad de conectar con nuestro niño interior y, sin embargo, sólo un 20% de los adultos estadounidenses den realmente estos pasos vitales (Terlizzi y Zablotsky, 2020)?

EL VIAJE DE JUAN HACIA LA SANACIÓN

Imagina un parque cálido e iluminado por el sol, donde las flores vibrantes se mecen suavemente con la brisa. En el corazón de esta pintoresca escena se encuentra Juan, un hombre con el corazón encogido y un pasado problemático. Durante años, cargó con el peso de un trauma no resuelto como un ancla que tiraba de él hacia abajo.

Un día, sentado en un banco desgastado, Juan decidió que había llegado el momento de enfrentarse a los demonios de su pasado. Comenzó a explorar las raíces de su dolor, rememorando recuerdos enterrados durante mucho tiempo bajo capas de mecanismos de defensa. Tuvo que enfrentarse a los abusos sufridos a manos de un tío. Enterró años de dolor emocional y físico. No fue fácil, pero sabía que era necesario.

Con la ayuda de un terapeuta, Juan logró comenzar a nutrir a su niño interior. Abrazó al niño que llevaba dentro, que había sufrido en silencio durante tanto tiempo. Como un paciente jardinero que cuida de un delicado brote, Juan regó a su niño interior con autocompasión y amor. Se perdonó a sí mismo por las heridas que había sufrido.

Poco a poco, las nubes de su pasado comenzaron a disiparse. La sonrisa de Juan volvió, más brillante y genuina que nunca. Reavivó su amor por los viajes, llenando su vida de aventuras.

El parque, que antes simbolizaba un lugar de dolor para él, se convirtió en su santuario de sanación, donde encontró la paz bajo los árboles bañados por el sol.

EL CAMINO DE SOFÍA HACIA LA RENOVACIÓN

Imagínate una acogedora cafetería donde el aroma del café recién hecho se mezcla con el suave murmullo de la conversación. Sofía, una mujer joven con un historial de dolor emocional, se encontraba sentada en una mesa de la esquina, mirando por la ventana.

El pasado de Sofía era como una tormenta que había azotado su vida. El abandono, la negligencia y las dudas sobre sí misma le habían dejado profundas cicatrices. Pero se negaba a dejar que esas cicatrices siguieran definiéndola.

Un día, mientras disfrutaba su café con leche, Sofía decidió embarcarse en un viaje de autodescubrimiento. Empezó terapia, decidida a enfrentarse a las sombras que la atormentaban. No siempre fue fácil, pero siguió adelante, desenredando los nudos de su pasado pieza por pieza.

Gracias a la terapia, Sofía empezó a conectar con su niña interior, la niña que había sido herida y asustada. La mantuvo cerca, consolándola con ternura y comprensión. Al alimentar a su niña interior, Sofía encontró la fuerza para dejar atrás relaciones tóxicas y hábitos autodestructivos.

Con cada día que pasaba, los ojos de Sofía brillaban con un nuevo sentido de autoestima. Persiguió sus pasiones con vigor, revitalizando su amor por la escritura. Su luz, antes opacada, ahora brillaba intensamente, iluminando el camino hacia sus sueños.

BUENOS PADRES VS. MALOS PADRES

¿Qué hace que un padre sea bueno? Un buen padre es alguien que proporciona amor, apoyo y orientación a sus hijos. Crean un entorno seguro y enriquecedor en el que sus hijos pueden crecer y desarrollarse tanto emocional como físicamente. Los buenos padres se comunican abiertamente con sus hijos, escuchan sus necesidades y les animan a expresarse.

Por otra parte, ¿qué constituye un mal padre? Bueno, es importante recordar que nadie es perfecto, e incluso los padres bienintencionados pueden cometer errores. Sin embargo, los malos padres pueden desatender sistemáticamente las necesidades emocionales o físicas de su hijo. Pueden ser excesivamente críticos, abusivos o no proporcionar un entorno familiar estable y afectuoso. También pueden ser malos padres los que están ausentes de la vida de sus hijos por problemas personales o adicciones, dejando a sus hijos sintiéndose desatendidos y sin apoyo.

Debemos recordar que todos los padres, incluso los buenos, cometerán errores. Ser padres no viene con un manual, y todos vamos aprendiendo sobre la marcha. Es esencial reconocer que a veces los padres no tienen ni idea de lo que hacen o están demasiado heridos por sus experiencias pasadas. En estos casos, pueden perjudicar inadvertidamente a sus hijos sin ni siquiera darse cuenta.

¿Por qué necesitamos dejar atrás el pasado? Significa aceptar que tus padres hicieron lo mejor que pudieron de acuerdo a la situación en la que se encontraban en ese momento. Esto puede ser increíblemente difícil, sobre todo si creciste en un entorno tóxico y tus padres fueron los responsables de ello. Sin embargo, dejar ir la culpa y el dolor es una herramienta sanadora para ti, no una excusa para ellos.

En última instancia, debes centrarte en lo que necesitas para avanzar y sanar. Así que, tanto si tuviste buenos padres, malos padres o unos padres promedio, debes saber que tus experiencias son válidas y que tienes el poder de moldear tu vida y tu futuro. Se trata de encontrar un camino hacia la sanación y la comprensión.

EL PODER DE LA REPARENTALIZACIÓN PARA LA AUTOSANACIÓN

¿Qué es exactamente la reparentalización? Reparentar significa actuar como tu propio padre cariñoso y amoroso. Es como ser el héroe de tu propia historia y proporcionarte a ti mismo el apoyo emocional, la comprensión y el amor que desearías haber recibido de niño. Esencialmente, te conviertes en el padre que necesitabas entonces.

Piensa en la reparentalización como una práctica transformadora de autocuidado y sanación. Es una forma de abordar esas heridas y lagunas emocionales de tu pasado. Al atender las necesidades de tu niño interior, no sólo curas viejas heridas, sino que también fomentas un profundo sentimiento de amor propio y resiliencia emocional.

¿Por qué es tan importante? Bueno, la relación que tienes contigo mismo es el núcleo de tu bienestar general. Si te faltó cariño y apoyo en tu infancia, esto puede haber generado cicatrices emocionales que afecten a tu vida adulta. La reparentalización ayuda a salvar esas lagunas, permitiéndote sanar y crecer.

Reparentalizar no consiste sólo en reparar lo que está roto, sino en nutrir lo que ya está ahí. Es como plantar semillas de amor propio y autocompasión en el suelo de tu corazón. A medida que las riegas y las cuidas, crecen y se convierten en bellos y resistentes paisajes emocionales dentro de ti.

Ésta es la parte increíble: La reparentalización está directamente relacionada con tus prácticas adultas de autocuidado. Cuando empiezas a tratarte con el amor y el cuidado que merecías de niño, se transforma tu forma de cuidar de ti mismo de adulto. Te vuelves más sensible a tus necesidades y es más probable que participes en actividades y hábitos que nutran tu mente, cuerpo y alma.

Reparentarte consiste en mostrarte a ti mismo el amor y el cuidado que podrías haberte perdido en tus primeros años. Esta práctica puede conducir a un profundo sentimiento de amor propio, resiliencia emocional y crecimiento personal. Tenemos que darnos cuenta de que si no lo recibimos de niños, ¡tenemos que brindárnoslo de adultos! Tienes el poder dentro de ti para sanar y nutrir a tu niño interior. Empieza hoy y observa cómo se transforma tu vida para mejor.

RECONSTRUIR Y REPARAR

En primer lugar, es esencial que decidas qué tipo de padre quieres ser para tu niño interior. Piensa en las cualidades que desearías que tus padres te hubieran proporcionado cuando crecías. Tal vez sea amor, comprensión, paciencia o incluso simplemente un oído atento. ¿Puedes ver a ese padre cariñoso? Recuérdate que tienes la capacidad de ser esa presencia amorosa en tu vida.

Me gustaría hablar de esas viejas "frases grabadas" de tus padres que pueden estar sonando en tu cabeza. Muchos de nosotros las tenemos: esas voces negativas o críticas que resuenan en nuestra cabeza una y otra vez. Pueden sonar algo así como: "¡Nunca llegarás a nada!" o "¡Eres tan estúpido!".

Ha llegado el momento de sustituir esas viejas "frases grabadas" por una voz más amable, cariñosa y compasiva. Tu voz paternal enriquecedora. Cuando percibas esa crítica interior, esas frases que suenan en tu cabeza, desafíalas con suavidad.

Pregúntate: "¿Yo le diría esto a un niño? ¿Le hablaría así a alguien a quien quiero?". Al hacer esto, estás reconfigurando gradualmente tus patrones de pensamiento con positividad.

Abrazar la autocompasión es vital durante este proceso. Recuerda que no buscamos la perfección, y que los errores son lo que nos hace humanos. Sé paciente contigo mismo, igual que un buen padre lo sería con su hijo.

Reparentarte no consiste en borrar el pasado, sino en sanar y crecer a partir de él. Se trata de reconocer que mereces amor, cuidados y validación, y que tienes el poder de dártelo a ti mismo. Tú eres tu mayor defensor y, practicando estas técnicas, puedes cultivar la resiliencia emocional y la fuerza interior.

ELEMENTO INTERACTIVO

Liberar esas emociones pesadas

En primer lugar, encontremos una forma de liberar esas emociones pesadas que te han estado agobiando:

1. Siéntate o recuéstate en un espacio tranquilo donde puedas relajarte.
2. Cierra los ojos, respira profundamente y siente como sube y baja tu pecho.
3. Piensa en una emoción que retengas desde tu infancia. Puede ser tristeza, ira, arrepentimiento o cualquier otra cosa. Siéntela, pero no te pierdas en ella.
4. Ahora, imagina que creas una caja o burbuja en la que colocar esta emoción. Imagínatelo claramente en tu mente.

5. Transfiere esa emoción al recipiente. ¡Lo estás haciendo muy bien!

6. Suavemente, deja que este recipiente se aleje flotando hacia el universo. Siente cómo se va quitando ese peso de tus hombros.

7. Imagina una luz reconfortante y sanadora que te envuelve, calentando y calmando tu espíritu.

8. Susúrrate algunas afirmaciones positivas como: "Soy amado", "Soy libre", "Me dejo llevar con gracia".

9. Cuando estés preparado, abre los ojos y date un gran abrazo por haber dado este paso. Todo es cuestión de amor y gratitud, ¿verdad?

Reescribir los recuerdos de la infancia

Nuestro pasado puede moldearnos, pero podemos remodelar nuestra perspectiva sobre él:

1. Piensa en un recuerdo de tu infancia que parece reproducirse en un bucle en tu mente, especialmente uno que te hizo sentir menos de lo que eres. ¿Recuerdas esas "frases grabadas" de las que hablamos?

2. Asegúrate de que el recuerdo no sea demasiado angustiante. Aquí debes cuidar de tu corazón.

3. Veamos este recuerdo como si estuvieras viendo una película, viendo a tu yo más joven desde la distancia.

4. Mientras observas, ten preparado un ancla, como concentrarte en tu respiración o en un objeto cercano. De este modo, estarás conectado a tierra y a salvo. Si sientes que te invade el miedo o la ansiedad, lanza esa ancla y siente cómo golpea y se hunde en el suelo.

5. Ahora, ¡introduzcamos a un héroe! Imagina que alguien a quien admiras, real o ficticio, entra en escena. Está aquí

para apoyar y proteger a tu yo más joven. Tal vez sea tu abuela, tu cónyuge, ¡o Batman!

6. Observa cómo cambia esta situación, cómo este ayudante aporta consuelo, orientación o incluso un cambio en el desenlace del acontecimiento.

7. Cuando sientas que has completado el ejercicio, tómate un momento para apreciar esta nueva historia que has creado. Le has dado a tu yo más joven un regalo de sanación.

Abrazar a tu niño interior

Conectemos con ese maravilloso e inocente niño interior que llevas dentro:

1. Reflexiona sobre algunos recuerdos de la infancia. Pueden ser buenos, malos o intermedios.

2. Reconoce los sentimientos que tu yo más joven tenía durante esos momentos. Continúa recordándote que está todo bien; ahora estás a salvo.

3. Da voz a tu niño interior. ¿Qué quiere decir? ¿Cómo se siente?

4. Reconoce estas emociones y haz que tu niño interior sepa que es visto, escuchado y amado profundamente.

Sugerencias para el diario

1. Si pudieras decir una cosa a tus padres o a otros adultos de tu vida, ¿qué sería?

2. ¿Qué cualidades parentales positivas aspiras a encarnar para ti mismo?

3. A medida que te conviertes en el padre que necesitas, ¿cómo puedes incorporar activamente estas cualidades parentales a tu vida diaria?

4. Examina el impacto de las figuras paternas en tu autopercepción. ¿Cómo han influido sus palabras y acciones en tus creencias sobre ti mismo?
5. ¿Cómo podrías reconfigurar estas creencias mediante la reparentalización
6. Considera la interconexión entre el cuidado de ti mismo y de los demás. ¿De qué manera sirve la reparentalización como herramienta no sólo para la sanación personal, sino también para romper los patrones generacionales de trauma dentro de tu familia?

Este capítulo exploró el poderoso viaje de convertirnos en los padres que necesitábamos cuando éramos niños con el Paso 3. Al reconocer nuestras heridas pasadas y esforzarnos por proporcionar el amor, el apoyo y la comprensión que anhelábamos, hemos dado un paso significativo hacia la sanación de nosotros mismos, rompiendo el ciclo del dolor generacional.

Al pasar la página hacia el siguiente capítulo, emprenderemos una búsqueda profunda: el proceso de sanar nuestros desencadenantes emocionales con el Paso 4. No siempre será fácil, pero si seguimos cuidándonos y fomentando la compasión, allanaremos el camino hacia un futuro más brillante y resiliente. Así que, adentrémonos con valentía en el reino de la sanación emocional, armados con el amor y el cuidado que hemos aprendido a darnos a nosotros mismos, dispuestos a afrontar y vencer los desencadenantes que nos han retenido durante tanto tiempo.

LA IMPORTANCIA DEL TIEMPO Y LA AUTOCOMPASIÓN

"Sanar a tu niño interior herido requiere de tiempo, cuidado gentil y aprender a amar y abrazar tus partes heridas".

— ROBERT JACKMAN

Estás llevando a cabo un gran trabajo emocional aquí, y sé que no siempre es fácil. Es importante que avances a tu ritmo y te tomes descansos cuando sea necesario.

Tu niño interior necesita ser tratado con amabilidad, y tu yo adulto también. Tómate un momento para reflexionar sobre el trabajo que has hecho hasta ahora y apláudete por haber llegado tan lejos. Este tipo de trabajo requiere valentía, y aunque hay un tú más fuerte y resiliente al otro lado de este viaje, tu punto de partida era más fuerte de lo que podrías haber imaginado. Hace falta fuerza para querer hacer este trabajo, y ésa es una fuerza que ya tienes dentro de ti.

A medida que tu proceso de sanación avance, descubrirás una sensación de paz y plenitud que podría haberte eludido en el pasado, y te darás cuenta de cuántas personas más podrían beneficiarse de la sanación de su niño interior.

Mientras nos tomamos un breve descanso, me gustaría invitarte a que me ayudes a llegar a más personas con la orientación que necesitan para hacer exactamente eso. La gran noticia es que esto sólo requerirá unos minutos de tu tiempo, y comparado con el esfuerzo que estás invirtiendo en tu viaje de sanación, es extraordinariamente sencillo. Lo único que te pido es que compartas una breve reseña.

Al dejar tu reseña de este libro en Amazon, ayudarás a otras personas a encontrar toda la orientación que necesitan para sanar a su niño interior y dar un paso adelante hacia un futuro más brillante y seguro.

Tu reseña actuará como una luz, guiando y ayudando a los que ya buscan esta información a ver exactamente dónde pueden encontrarla.

Muchas gracias por tu apoyo. El siguiente paso de tu viaje de sanación te está esperando cuando estés preparado.

8

PASO 4: SANAR LOS DESENCADENANTES EMOCIONALES

Si tus habilidades emocionales no están a la mano, si no tienes autoconciencia, si no eres capaz de gestionar tus emociones angustiosas, si no puedes tener empatía y mantener relaciones eficaces, entonces, por muy inteligente que seas, no vas a llegar muy lejos.

— DANIEL GOLEMAN

En este capítulo, vamos a arrojar luz sobre un aspecto imperativo de este proceso: la sanación de tus desencadenantes emocionales. Verás, curar nuestras heridas del pasado y ser más conscientes de cómo navegar por nuestras emociones es como poner los cimientos de una hermosa y sólida casa de crecimiento personal. Es el tipo de crecimiento que no sólo implica acumular conocimientos de los libros, sino también alimentar nuestra inteligencia emocional.

¿Sabías que sólo alrededor del 36% de las personas de todo el mundo se consideran emocionalmente inteligentes (Costillo,

2023)? Es una estadística asombrosa, que pone de relieve una necesidad vital en nuestra sociedad. No se trata sólo de aprendizaje académico; se trata también de comprender y gestionar nuestras emociones. Así que, al embarcarnos juntos en este viaje, recuerda que no estás solo y que estás dando un paso importante hacia una mayor sabiduría y sanación emocional.

¿QUÉ SON LAS EMOCIONES?

Piensa en tus emociones como platos que has saboreado a lo largo de los años. Tal como has comido postres inolvidables o como alguna vez devolviste un plato porque estaba horrible, tus emociones son tus papilas gustativas en el mundo de los sentimientos. Su función, es ayudarte a refinar tu paladar interior, a discernir lo que es nutritivo y lo que no.

Ahora bien, estos platos emocionales a veces pueden resultar abrumadores, como una receta compleja que no sabes muy bien cómo seguir. Pero aquí tienes el delicioso desglose:

- **Saborea los mensajes en cada bocado:** Las emociones son como ingredientes secretos que revelan lo que se cuece a fuego lento en tu interior: el corazón, la mente y el alma. Son la forma que tiene tu cuerpo de revelar información, y las hay de todos los sabores: alegría, tristeza, ira, miedo y todo lo demás. Cada emoción lleva su propia receta y mensaje especiales.
- **El menú degustación de un chef de necesidades y atención:** Cuando saboreas estos platos emocionales, es señal de que algo necesita atención en tu cocina interior. Por ejemplo, si estás saboreando la tristeza, puede deberse a que una parte de ti necesita algo de atención y afecto. Si

la ira está en tu plato, podría ser la forma que tiene tu niño interior de protegerte de algo o de alguien poco agradable.

Las emociones son como una brújula culinaria para tu mundo interior. Te ayudan a descubrir los ingredientes de ti mismo a los que les vendría bien un poco de amor, como a tu niño interior. Te susurran: "¡Hey, presta atención a este sabor! Está pidiendo algo de sanación".

Ahora bien, es perfectamente natural que a veces quieras apartar u ocultar ciertas emociones porque pueden ser tan desafiantes como cocinar un plato complejo. Cuando haces eso, es como devolver esos sabores amables a la cocina. En lugar de cerrar la puerta de la cocina, invítalos a entrar, saborea su sabor único y pregúntate: "¿Qué necesito ahora mismo? ¿Cómo puedo crear una receta más nutritiva para mí?".

Así que, la próxima vez que sientas una emoción agitada dentro de ti, tómate un momento para disfrutarla, respirar su aroma y explorar sus notas únicas. ¿Qué intenta aportar esa emoción a tu festín interior? ¿Cómo puedes crear una receta más satisfactoria para ti? Las emociones son tus ayudantes de cocina de confianza en esta deliciosa aventura culinaria de autodescubrimiento y sanación.

CÓMO CULTIVAR LA CONCIENCIA EMOCIONAL Y LA ATENCIÓN PLENA

Quiero que sepas algo verdaderamente liberador y fortalecedor: tus pensamientos no son inevitables; son totalmente autogenerados. De hecho, tus pensamientos influyen significativamente en tus emociones, y no al revés. Es una verdad sencilla pero profunda que puede cambiar tu vida.

Reflexiona sobre algún momento en el que estuvieras pasando apuros, afrontando dificultades emocionales, y tu mente se agitara con todo tipo de pensamientos. Tal vez fueran dudas, preocupaciones o negatividad. Es entonces cuando puedes empezar a tomar el control sobre tu forma de pensar.

Quiero que tomes conciencia del pensamiento. No lo juzgues; simplemente reconoce que está ahí. A veces nuestros pensamientos aparecen como huéspedes no invitados, y eso es completamente normal. A continuación, pregúntate: "¿Este pensamiento es saludable y beneficioso para mí?". Esta sencilla pregunta puede ser muy útil.

Si ves que el pensamiento no te hace ningún bien, no te preocupes. Respira hondo y exhala lentamente tres veces. Mientras lo haces, deja que una suave sonrisa se dibuje en tu rostro. Imagina que miras al vasto cielo abierto y dejas que ese pensamiento se vaya. Es como si lo exhalaras con cada respiración, liberándolo suavemente.

A diferencia de cuando eras niño, aquí tienes el control. Tu mente es tu dominio, y tienes el poder de elegir lo que permites entrar en ella. Tienes el poder de dar forma a tus pensamientos, y eso, a su vez, da forma a cómo te sientes. Así que, después de soltar ese pensamiento inútil, elige uno más edificante para sustituirlo. Elige un pensamiento que te sirva mejor y se alinee con tu bienestar emocional.

Este proceso puede parecer sencillo, pero es increíblemente eficaz. Repítelo siempre que los pensamientos inútiles afecten a tus emociones e incluso a tu bienestar físico. Con el tiempo, descubrirás que no sólo reaccionas a tus pensamientos, sino que diriges activamente tu barco emocional hacia aguas más tranquilas.

¿QUÉ PODEMOS HACER CON LAS EMOCIONES NO DESEADAS O INÚTILES?

Si has sentido el peso de un niño interior herido en tu vida adulta, afectando tu trabajo y tus relaciones, debes saber que no estás solo. Yo he pasado por eso, y comprendo cómo esas emociones negativas pueden estallar como una tormenta en tu interior.

Cuando esas oleadas de emociones negativas empiecen a desplomarse, tómate un momento para ser curioso. ¿Cuál es la causa raíz? Podría ser una situación concreta o incluso la forma en que la estás interpretando. Tal vez sea el incesante estrés del trabajo o cómo percibes ciertos acontecimientos de la vida. Recuerda que tus pensamientos tienen un enorme poder sobre tus emociones. Una vez localizado el origen, ya estás en el camino para encontrar alivio.

Ahora que has desvelado los misterios de las heridas de tu niño interior, es hora de actuar con compasión. Aunque no puedes controlarlo todo, hay pasos que puedes dar para aliviar la carga de estas emociones. Aquí te dejo algunas sugerencias:

- **Piensa en tu lugar de trabajo como un espacio de crecimiento:** Si te está causando estrés, considera la posibilidad de delegar tareas, establecer límites o buscar apoyo. No tienes por qué cargar con el peso tú solo.
- **En tus relaciones, imagínate como un pacificador:** Aprender a comunicarte de manera asertiva puede resolver conflictos y calmar la agitación emocional. Mediante la reestructuración cognitiva, puedes alimentar patrones de pensamiento positivos.
- **Puede que haya cosas que escapen a tu control:** Tendrás que aprender a aceptarlo. Morar en lo inmutable no te

brindará la paz. Centra tu energía en lo que puedes influir y observa cómo florece tu vida.

A veces, cambiar tus circunstancias externas no es suficiente. También necesitarás salidas amorosas para esas emociones intensas. Piensa en estas salidas como en el abrazo nutritivo que merece tu niño interior.

Por último, abracemos el hermoso arco iris de tus emociones, incluso las que no te resultan tan agradables: el miedo, la ira, la tristeza o la frustración. En lugar de alejarlas, invítalas a entrar sin juzgarlas. Este acto de autocompasión es como dar a tu niño interior herido el amor y el permiso para sanarse.

LIBERACIÓN EMOCIONAL: CONSTRUIR UN ESPACIO SEGURO PARA EVITAR NUEVAS REPRESIONES

¿Te has preguntado alguna vez por qué necesitamos una liberación emocional? Y si necesitamos esta liberación, ¿por qué debería hacerse en un espacio seguro? Bueno, las emociones son pequeños bichitos astutos en un buen día. Si hablamos de emociones negativas, se escabullirán de nuevo al abismo ante el menor indicio de peligro o inseguridad. Puedes estar avanzando en la terapia y hacerlo estupendamente, pero en cuanto te encuentras con una emoción con la que te sientes incómodo, se levantan los muros y escuchas: "¡Peligro, peligro, fuera!". Cuando trabajamos estas situaciones en un espacio seguro, es mucho más probable que no sólo las afrontemos, sino que no intentemos volver a metérnoslas en el bolsillo como deliciosos pastelitos calientes.

Reprimir tus emociones es como meterte muchos pastelitos calientes en los bolsillos; te agobias, creándote una pesada carga, que dificulta que tu niño interior respire y crezca. Al crear un espacio seguro para la liberación emocional, te aseguras de que esas emociones enterradas puedan salir a la superficie y ser procesadas, evitando una mayor represión.

Muchos de nosotros arrastramos viejas heridas emocionales de nuestra infancia, esos pastelitos calientes metafóricos. Estas heridas pueden supurar (o enmohecerse) si se dejan desatendidas, afectando a nuestro presente y futuro. Al proporcionar un entorno de apoyo para la liberación emocional, estás brindando a tu niño interior la oportunidad de sanar estas heridas, permitiéndote avanzar con mayor libertad emocional.

Las emociones reprimidas o ignoradas pueden pasar factura a tu bienestar mental y físico. Si te pasas el día preocupándote por el peso de esos pastelitos y por si alguien más puede verlos, eso te provocará estrés, ansiedad e incluso dolencias físicas. Crear un espacio enriquecedor para la liberación emocional puede repercutir positivamente en tu salud general, permitiéndote sentirte más ligero y tranquilo.

Las emociones no procesadas pueden desbordarse en tus relaciones, provocando malentendidos y conflictos. Al abordar y liberar estas emociones en un entorno de apoyo, puedes mejorar tus relaciones con los demás y establecer conexiones más profundas basadas en la comprensión y la empatía.

Cuando creas un espacio seguro para la liberación emocional, te empoderas para tomar el control de tu bienestar emocional. Es un viaje de autodescubrimiento, en el que adquirirás una comprensión más profunda de ti mismo y de las necesidades y deseos de tu niño interior.

Las emociones reprimidas a menudo enmascaran tu verdadero yo. Si permites que estas emociones salgan a la superficie y se procesen, podrás vivir de forma más auténtica, abrazando tu verdadera naturaleza y viviendo una vida que se alinee con tus valores y deseos.

La liberación emocional no es un signo de debilidad; es una muestra de resiliencia. Hay que tener valor para enfrentarse a las emociones. Al hacerlo, construyes una resiliencia emocional que puede servirte para afrontar los desafíos de la vida.

Entonces, ¿cómo creamos un espacio seguro para la liberación emocional?

Busca un lugar tranquilo donde simplemente puedas estar. Puede ser un sillón acogedor en casa, un parque o incluso tu cama. La clave es encontrar un lugar donde te sientas a gusto y puedas bajar la guardia.

Siéntate recto, pero cómodamente. Tu comodidad es primordial porque te permite centrarte en lo que realmente importa.

Cierra los ojos y dedica unos instantes a permanecer en silencio. Puedes concentrarte en tu respiración, en la subida y bajada de tu pecho, o incluso repetir un mantra relajante, si eso resuena en ti.

Ahora, con los ojos aun suavemente cerrados, vamos a explorar un momento reciente de tu vida que haya suscitado emociones fuertes. Quizá fue un desacuerdo con un ser querido, una situación en la que te sentiste maltratado o una vieja herida que se reabrió. Piensa en este incidente como si estuvieras contando una historia a un amigo, con detalles vívidos.

En este momento, tú no eres el acontecimiento. No eres la discusión ni el trastorno emocional. Eres el observador tranquilo, que observa cómo se desarrolla todo desde un lugar de serenidad.

Ahora, pongamos nombre a esas emociones. ¿Qué sentiste durante ese incidente? ¿Fue frustración, ira, tristeza o algo totalmente distinto? Sé tan específico como puedas. Dale un nombre a esa emoción y mantenla suavemente en tu conciencia.

Mientras profundizamos, desplaza suavemente tu atención lejos de esa palabra emocional. En su lugar, dirige tu atención hacia tu cuerpo. Las emociones no están sólo en tu mente; también se manifiestan físicamente. Por eso las llamamos "sentimientos".

Cuando recuerdes ese incidente, deja que tu atención recorra tu cuerpo. Observa dónde el recuerdo despierta sensaciones físicas. Tal vez sea una opresión en el pecho, un nudo en el estómago o un nudo en la garganta. Localiza en qué parte de tu cuerpo estás reteniendo esta experiencia emocional.

Ahora, es el momento de expresarlo físicamente. Coloca la mano en la parte del cuerpo donde sientas la sensación con más intensidad. Dilo en voz alta: "Me duele aquí". Si sientes el dolor en varios lugares, mueve la mano y expresa el dolor en cada punto. Se trata de reconocer estas sensaciones y dejar que sean escuchadas.

Otra forma poderosa de expresar tus emociones es a través de la escritura. Pon el bolígrafo sobre el papel y deja que fluyan tus sentimientos. Escribe sobre la experiencia dolorosa en primera persona (yo/nosotros), como si hablaras contigo mismo, luego pasa a la segunda persona (tú/ellos), dirigiéndote a la situación, y por último, escríbelo como si fueras un observador imparcial (ella/él).

Estos sentimientos son tuyos. Están ocurriendo dentro de tu cuerpo ahora mismo mientras recuerdas ese momento. Aunque el acontecimiento externo esté en el pasado, tu cuerpo sigue reaccionando. No se trata de culpar o sentirse culpable; se trata de comprender y asumir la responsabilidad de tus sentimientos.

Tienes el poder de responder a estas emociones de formas nuevas y creativas. Al asumir la responsabilidad, ya no dependes de los demás para que el dolor desaparezca. Aférrate a esta comprensión durante unos instantes.

Ahora, vamos a liberar esas emociones. Centra tu atención en la parte de tu cuerpo en la que estás reteniendo ese dolor y, con cada exhalación, intenta liberar la tensión. Imagina que la sensación dolorosa abandona tu cuerpo con cada exhalación. A algunos les resulta útil emitir un sonido audible que resuene en esa zona.

Prueba cosas diferentes para encontrar lo que mejor te funciona. Canta, baila, prueba respirar profundamente o incluso utiliza aceites esenciales. ¡Comer un par de pastelitos calientes no está descartado! Si has escrito tus emociones, plantéate un ritual: quema el papel y ofrece las cenizas al viento, simbolizando la liberación de esos sentimientos.

Puedes utilizar este ejercicio siempre que estés disgustado para liberarte de la confusión emocional y del dolor subyacente. A medida que lo hagas, descubrirás que las oportunidades de crecimiento y sanación surgirán con más frecuencia en todos los aspectos de tu vida.

CÓMO VALIDAR Y NUTRIR LAS EMOCIONES DE TU NIÑO INTERIOR

Mientras recorres el camino sanador de tu niño interior, tienes que seguir diciéndote a ti mismo que tus emociones son reales y válidas, y que reconocerlas es el primer paso hacia la vida que deseas. Tu niño interior puede estar sufriendo, y es esencial proporcionarle consuelo y tranquilidad. Aquí tienes algunas frases alentadoras que tu niño interior necesita oír de ti:

- **"Lo que ocurrió no fue culpa tuya"**: Es esencial que te recuerdes a ti mismo que el dolor que arrastras no fue algo que tú causaras. Eras sólo un niño o una niña y no tenías control sobre las circunstancias.

- **"No estás solo".** La soledad puede exacerbar las heridas emocionales. Hazle saber a tu niño interior que ahora estás a su lado y que no tiene por qué enfrentarse solo a su dolor.
- **"Eres digno de que se satisfagan tus necesidades".** Tus necesidades son importantes y merecen ser satisfechas. No dudes nunca de tu valor. Mereces amor, cuidados y comprensión.
- **"Te quiero tal como eres".** Tu niño interior necesita amor incondicional. Abrázalo con amor y aceptación, con defectos y todo. Eres suficiente tal como eres.
- **"Está bien expresar tus sentimientos".** Anima a tu niño interior a expresar sus emociones sin juzgarlo. Hazle saber que es seguro sentir y compartir sus sentimientos.
- **"Estoy aquí para protegerte y nutrirte".** Sé el protector que tu niño interior necesita. Demuéstrale que estás ahí para mantenerle a salvo y proporcionarle los cuidados que se le han negado.
- **"Tienes el poder de sanar".** Empodera a tu niño interior haciéndole saber que la sanación es posible. Juntos pueden superar el dolor y encontrar la paz.
- **"Eres fuerte y resiliente".** Recuérdale a tu niño interior su fuerza interior. Ha sobrevivido a muchas cosas, y esa fortaleza le ayudará en su viaje de sanación.
- **"Eres capaz de cambiar".** El cambio es una parte hermosa de la vida. Asegúrale a tu niño interior que puede crecer, adaptarse y transformar su dolor en fortaleza.
- **"Eres suficiente tal como eres".** Vale la pena repetirlo. Eres intrínsecamente valioso, y no necesitas demostrar tu valor a nadie.

ELEMENTO INTERACTIVO

Herramientas para manejar el estrés y la ansiedad

Para este elemento, me gustaría hablar de algunas herramientas e ideas que pueden ayudarte a gestionar el estrés emocional y la ansiedad, construyendo en última instancia resiliencia y fortaleza emocional.

Expresión creativa

Participar en actividades creativas puede ser increíblemente terapéutico. Permite que tu niño interior se exprese de forma segura y creativa. Aquí te explico cómo puedes incorporarlo a tu viaje de sanación:

1. **Elige un medio:** Escoge una salida creativa que resuene contigo: puede ser pintar, dibujar, escribir, bailar o incluso cocinar.
2. **Reserva un tiempo:** Dedica tiempo regularmente para dedicarte a la actividad creativa que hayas elegido. Debe ser un tiempo en el que puedas expresarte libremente sin ser juzgado.
3. **Libérate de las expectativas:** No te centres en el resultado final; céntrate en el proceso. Deja que tu niño interior juegue y explore sin preocuparte por la perfección.
4. **Reflexiona sobre tus creaciones:** Después de tu sesión creativa, tómate un momento para reflexionar sobre lo que has creado. ¿Qué emociones o recuerdos surgieron durante el proceso?

Terapia de flotación

La terapia de flotación, también conocida como privación sensorial o terapia de flotación, consiste en recostarse en un tanque especialmente diseñado, lleno de agua supersaturada con sal de Epsom, lo que permite al individuo flotar sin esfuerzo en la superficie. El agua y el aire suelen calentarse a la temperatura de la piel, lo que dificulta distinguir entre las partes del cuerpo que están en contacto con el agua y las que no. Cuando el tanque está cerrado, se vuelve oscuro e insonorizado, eliminando los estímulos visuales, auditivos y la mayoría de los táctiles. Este entorno crea una oportunidad única para la relajación profunda y la introspección.

Ejercicio de exploración de desencadenantes y sugerencias para el diario

Me gustaría que reflexionaras sobre las distintas cosas que pueden desencadenar tus reacciones emocionales y tus comportamientos. Toma tu diario e identifica dos tipos generales de situaciones que hayan desencadenado el comportamiento que deseas cambiar. Luego, explora las siguientes categorías:

1. **Estado emocional:** Piensa en los momentos en que te sentiste enfadado, deprimido, feliz o triste. ¿Cómo se relacionaron estas emociones con el comportamiento?
2. **Estado físico:** Considera los momentos en que estabas relajado, tenso, cansado o excitado. ¿Cómo contribuyó tu estado físico al comportamiento?
3. **Presencia de otros:** Reflexiona sobre situaciones en las que estén implicadas personas concretas. ¿Estaban presentes determinadas personas cuando se produjo el comportamiento?

4. **Disponibilidad:** ¿Hubo circunstancias o recursos específicos disponibles que desencadenaron el comportamiento?

5. **Entorno físico:** Contempla dónde suele producirse el comportamiento. ¿Es en el trabajo, en fiestas, en casa de tu ex-cónyuge o en otro lugar?

6. **Presión social:** Explora si alguna vez te has sentido coaccionado o presionado para realizar acciones que no querías hacer. ¿Cómo influyó esto en tu comportamiento?

7. **Actividades:** Piensa en tu participación en distintas actividades, como trabajar, trabajar en casa, hacer deporte, ver la tele o jugar a las cartas. ¿Cómo se relacionaban estas actividades con el comportamiento?

8. **Pensamientos:** Recuerda momentos en los que ciertos pensamientos influyeron en tu comportamiento. ¿Cómo contribuyeron tus pensamientos al comportamiento?

Para comprender mejor tus desencadenantes y las consecuencias asociadas, intenta lo siguiente centrándote en una situación desencadenante de alto riesgo de tu pasado:

- Describe brevemente esta situación y explora sus consecuencias tanto negativas como positivas.
- Considera si estas consecuencias se manifestaron inmediatamente o se retrasaron.

Este ejercicio te anima a recurrir a tus experiencias de la vida real, fomentando la autorreflexión y ayudando a identificar los desencadenantes y sus consiguientes repercusiones en tu comportamiento y tus emociones.

Con el Paso 4 hemos avanzado mucho en la identificación de los desencadenantes emocionales que influyen en nuestros pensamientos, acciones y reacciones. Este nuevo autoconocimiento es una poderosa herramienta de sanación y crecimiento. Con una comprensión más clara de lo que desencadena las respuestas de nuestro niño interior, ahora estamos mejor equipados para afrontar los desafíos que nos esperan.

En el capítulo siguiente, con el Paso 5, exploraremos cómo transformar nuestro diálogo interno negativo, desafiar las creencias invalidantes y liberarnos de los patrones destructivos que nos han mantenido cautivos. Basándonos en los conocimientos adquiridos aquí, nos acercamos a recuperar nuestro verdadero yo y a forjar un camino hacia la sanación duradera y el bienestar emocional.

9

PASO 5: TRANSFORMAR LA AUTOCONVERSACIÓN NEGATIVA

Debes controlar tus pensamientos, o las fuerzas externas los controlarán, y ten en cuenta que las fuerzas externas suelen consistir en miedos, preocupaciones y dudas.

— MADDY MALHOTRA

En este capítulo, nos sumergiremos de lleno en el maravilloso mundo de la transformación de la autoconversación negativa, las creencias que nos invalidan y esos molestos patrones destructivos que parecen tener la habilidad de frenarnos. Sé lo que puedes estar pensando: "¡Oh, no, otro capítulo más sobre esto!". Pero créeme, comprender y vencer a estos adversarios internos es como iluminar los rincones más oscuros de tu mente.

Los seres humanos tenemos entre 12.000 y 60.000 pensamientos zumbando en nuestras mentes cada día. Sorprendentemente, un 80% de ellos son negativos y, por si fuera poco, un asombroso 95% de esos pensamientos son los mismos pensamientos repetitivos del día anterior, y aproximadamente el 80% de ellos siguen aferrados a esa vibración negativa (Simone, 2017). Es como el Día de la Marmota dentro de tu cabeza, ¿verdad? Pero no temas, porque juntos vamos a liberarnos de este ciclo desde lo más profundo de tu mente.

¿QUÉ ES EL DIÁLOGO INTERNO NEGATIVO?

El diálogo interno negativo, o autoconversación negativa, se produce cuando la voz de tu interior se vuelve excesivamente crítica, pareciéndose más a un crítico interno que a un animador. Esta mentalidad tiende a ser pesimista, fijándose en lo negativo y socavando la seguridad en ti mismo. Como resultado, obstaculiza tu capacidad para aprovechar todo tu potencial, y a menudo te lleva a creer que el fracaso es inevitable desde el principio.

El diálogo interno negativo es como tener un pequeño y molesto compañero de piso viviendo dentro de tu cabeza. Esta vocecita se cuela a menudo, haciendo comentarios sarcásticos sobre tus capacidades, apariencia o valor. Es la que dice: "No eres lo suficientemente bueno", "No puedes hacer esto" o "Nunca tendrás éxito".

Seamos realistas por un momento. Todos tenemos momentos de duda y autocrítica. Es normal. Pero cuando este parloteo negativo se convierte en una presencia constante, puede afectar gravemente a tu autoestima, tus relaciones y tu bienestar general.

La autoconversación negativa no sólo es molesta; es perjudicial. Puede crear una profecía autocumplida. Si te dices constantemente que vas a fracasar, puedes sabotear inconscientemente tus esfuerzos. También puede provocar ansiedad, depresión y muchos otros problemas de salud mental.

Es esencial cuestionar estos pensamientos negativos. Ya hemos hablado anteriormente acerca de preguntarnos: "¿Están basados en hechos, o son sólo creencias viejas y anticuadas que hay que desechar como las sobras de ayer?

CREENCIAS BÁSICAS NOCIVAS Y CÓMO TRANSFORMARLAS

Entonces, ¿qué son esas molestas creencias básicas inútiles? Bueno, son como esos pequeños gremlins escurridizos que se esconden en los rincones oscuros de tu mente, susurrando todo tipo de tonterías negativas sobre ti mismo. Estas creencias son las historias que nos contamos a nosotros mismos sobre quiénes somos y, por supuesto, suelen ser más ficción que realidad.

Veamos algunos ejemplos comunes para que te hagas una idea más clara:

- **No soy querible:** Esta creencia te convence de que nadie podría amarte o preocuparse por ti de verdad. Es como un disco rayado que suena en tu cabeza, haciéndote dudar del amor y el afecto que te ofrecen los demás.
- **No valgo nada:** Éste pensamiento te engaña haciéndote creer que no tienes valor, que tus contribuciones no importan y que eres una carga para los que te rodean. Alerta de spoiler: es una mentira descarada.
- **No soy deseable:** Esta creencia te hace sentir como si fueras la última persona elegida para el equipo, incluso cuando no hay ningún equipo para el que ser elegido. Te convence de que estás constantemente al margen de la vida de los demás.
- **No tengo derecho a defenderme:** Esta astuta creencia te mantiene en silencio cuando deberías hablar claro. Te dice que tu voz no importa, que tus opiniones no son válidas y

que es mejor que te calles. Bueno, ¡estamos aquí para decirle que se calle!

Estas creencias son como invitados no deseados a la fiesta de tu niño interior, y ya es hora de echarlos. Son inútiles porque limitan tu potencial, obstaculizan tu crecimiento y te impiden vivir la vida que mereces.

CREENCIAS Y COMPORTAMIENTOS OCULTOS DE NUESTRO NIÑO INTERIOR Y CÓMO CAMBIARLOS

Los pensamientos: son un poco como el tiempo siempre cambiante. A veces soleado, otras tormentoso. La clave es que los pensamientos simplemente ocurren; forman parte de la experiencia humana. Al igual que respiramos profundamente, también podemos elegir dirigir nuestros pensamientos. Pero seamos realistas: nuestras mentes a veces tienen mente propia y nos lanzan pensamientos sin que hayan sido invitados. Esto forma parte de ser humano, ¿verdad?

He descubierto que los pensamientos tienden a calmarse cuando abrazamos plenamente el momento presente. Imagínate sentir el calor del sol en la piel o escuchar el canto de los pájaros. Incluso el olor de los perros mojados puede servir. Los momentos de asombro también pueden hacer maravillas. Así que estate atento a esas experiencias inspiradoras, ya sea en la naturaleza o a través del arte.

Entonces, ¿cómo solemos tratar nuestros pensamientos? A menudo los tratamos como hechos sólidos como una roca, como "Soy un perdedor" o "Nunca volveré a encontrar trabajo". Todos hemos pasado por eso, ¿verdad? Pero la magia ocurre cuando aprendemos a observar nuestros pensamientos sin quedarnos atrapados en ellos.

La meditación puede ser tu fiel compañera en esta aventura. Cuando comencé, yo tampoco tenía ni idea de meditación. Mi objetivo era acallar los pensamientos ruidosos, sobre todo los que me causaban dolor. Me centraba en sensaciones como el viento en mi piel o el aroma del aire. Esto me ayudaba, pero no siempre silenciaba los pensamientos. ¿Y sabes qué? No pasa nada. La mayoría de los expertos en meditación te dirán que se trata de observar, no de parar. Reconoce esos patrones recurrentes -miedo, ira, preocupación, celos- y obsérvalos pasar como nubes en el cielo. Son sólo pensamientos, no son tu realidad.

Las mañanas pueden convertirse en maratones de pensamientos para muchos de nosotros. ¿Pensamientos aleatorios sobre el desayuno o las cuentas a pagar? Esas carreras mentales a primera hora de la mañana nos ocurren a todos. Con el tiempo y la práctica, conseguirás controlarlas mejor. Vuelve al presente, siente tu respiración, tu cuerpo. Recuérdate que esos pensamientos son como nubes pasajeras, no verdades inamovibles.

Pero seamos realistas, no se trata de ser un gurú de la observación del pensamiento las 24 horas del día. Cuando la vida es cómoda, es fácil olvidarse de observar tus pensamientos. De repente, estás en la ducha y te das cuenta de que llevas días con el piloto automático. En los momentos difíciles, he descubierto que es más eficaz sumergirme en el momento, estar tan presente que los pensamientos no puedan robarme el espectáculo. No se trata de escapar, sino de "elevarse por encima del pensamiento", como dice Eckhart Tolle (Tolle, 2023).

No tomes al pie de la letra todo lo que dicen tus pensamientos. Repítelo como un mantra: "No creas en tus pensamientos. No creas en tus pensamientos. No creas en tus pensamientos". Las emociones negativas o dolorosas suelen acompañarnos cuando nos creemos nuestros pensamientos. "La he cagado", "Me está ignorando", "Debería ser diferente". ¿Te suena? Sí, es una pendiente resbaladiza.

Piensa en tus pensamientos como si fueran narradores de historias. Elaboran historias sobre el pasado, el futuro o la situación actual. Pero no es lo mismo estar genuinamente presente. La verdad es que discutir con la realidad conduce a más dolor. Así que, pela la cebolla, amigo mío. Observa tus pensamientos, pero no te dejes atrapar por el drama. Ésa es la salsa secreta para la paz interior.

Pero, ¿qué pasa con esas creencias furtivas que pueden estar frenándote? Estas creencias suelen proceder de la infancia, de esos momentos en los que absorbías los mensajes como una esponja. Éstas son algunas de las cargas potenciales que arrastras:

- "Tú eres mi mundo entero".
- "Eres mi única fuente confiable".
- "No puedo sobrevivir sin ti".
- "No le importo a nadie más que a ti".

Y no olvides estos clásicos:

- "Hay algo fundamentalmente malo en ti".
- "No eres más que una decepción".
- "Tus pensamientos no le importan a nadie".
- "Nunca llegarás a nada".

Puedes aligerar tu carga examinando y sustituyendo estas creencias por otras que te empoderen. Es como darle a tu alma una buena limpieza de primavera.

ELEMENTO INTERACTIVO

El Ejercicio: Descubre tus creencias fundamentales

Vamos a arremangarnos y a sumergirnos en la comprensión de esas creencias que han estado dirigiendo el espectáculo en tu mente. Recuerda, estas creencias son como invitados testarudos a una fiesta que no quieren irse, pero vamos a enseñarles amablemente la puerta.

Declaraciones de creencias rápidas

Toma un bolígrafo y papel. No lo pienses demasiado; deja que fluyan tus pensamientos. Completa las siguientes frases:

- "Yo soy _____ "
- "Otras personas son _____ "
- "El mundo es _____ "

Es como una instantánea mental de cómo te ves a ti mismo, a los demás y al gran mundo que hay ahí afuera.

Tómate un momento para reflexionar sobre esas afirmaciones. ¿Cómo te hacen sentir? ¿Te iluminan como un árbol de Navidad, o te hacen sentir como una pesada mochila que llevas a cuestas?

Piensa en cuándo comenzaste a ser consciente de estas creencias. ¿Fueron algo que trajiste de tu infancia? Quizá procedían de una experiencia que te dejó huella. ¿Puedes identificar quién en tu vida podría compartir puntos de vista similares?

Pregúntate: ¿todavía me sirven estas creencias? ¿Me están ayudando a convertirme en la mejor versión de mí mismo, o son más anticuadas que un disquete?

Ahora, es el momento de imaginar un futuro mejor. Escribe tres cosas que creas sobre ti mismo, sobre los demás y sobre el mundo que te gustaría fomentar de aquí en adelante. Son como plantar semillas para un hermoso jardín mental:

- "Yo soy _____"
- "Otras personas son _____ "
- "El mundo es _____"

Piensa en estas creencias como en tus animadoras personales, siempre alentando tu éxito y tu felicidad.

Sugerencias para el diario

1. Reflexiona sobre un caso reciente de autoconversación negativa. ¿Qué lo desencadenó y cómo puedes identificar y cuestionar las creencias subyacentes que contribuyen a esa negatividad?
2. Examina una creencia básica inútil que tengas sobre ti mismo. ¿Cómo se originó esta creencia y qué pasos puedes dar para sustituirla por una creencia más empoderadora y constructiva?
3. Identifica un patrón destructivo recurrente en tus pensamientos o acciones. ¿Puedes rastrear su origen y cómo puedes replantear este patrón para fomentar la autocompasión y el crecimiento?
4. Explora una narrativa o creencia positiva que quieras cultivar. ¿Cómo contribuye la adopción de esta narrativa a tu bienestar general, y qué pasos puedes dar para reforzarla?

Al concluir el Paso 5 de este capítulo sobre la transformación de la autoconversación negativa, las creencias invalidantes y esos furtivos patrones destructivos, quiero que te des una palmadita en la espalda. Has dado un paso valiente en la dirección de sanar a tu niño interior.

Ahora ha llegado el momento de construir sobre estos cimientos mientras nos aventuramos en el siguiente capítulo con el Paso 6. Prepárate para explorar cómo el establecimiento de límites saludables es la clave para mantener tu nueva autoestima y proteger el hermoso crecimiento que estás alimentando en tu interior.

PASO 6: LA LÍNEA DIVISORIA

Tienes que quererte y respetarte lo suficiente como para no dejar que la gente te utilice y abuse de ti. Tienes que establecer límites y mantenerlos, hacer saber claramente a la gente cómo no vas a tolerar que te traten, y hacerles saber cómo esperas que te traten.

— JEANETTE CORON

Nuestros caminos únicos hacia la sanación de nuestro niño interior significan que los límites personales pueden diferir mucho de unos a otros. Esto subraya la importancia de ser explícito y comunicar tus límites con claridad.

LA IMPORTANCIA DE DEFINIR LOS LÍMITES

¿Qué son esos misteriosos límites de los que tanto escuchamos hablar? Los límites personales son como líneas invisibles que trazas a tu alrededor, definiendo dónde terminas tú y dónde comienza el resto del mundo. Son una forma de protegerte a ti y a tu niño interior de cualquier daño y de garantizar que se respeten tus necesidades.

Los límites tienen varios sabores, ¡como los helados! Aquí están los cuatro tipos principales:

- **Límites físicos:** Imagina una burbuja a tu alrededor. Éste es tu espacio personal, y es crucial protegerlo. El espacio personal varía de una persona a otra, así que presta atención a qué tan cerca o lejos te sientes cómodo con los demás. No pasa nada por decir: "Necesito mi espacio ahora mismo", cuando te sientes abrumado.
- **Límites emocionales:** Se trata de expresar tus sentimientos y necesidades. Es como llevar un "chaleco de sentimientos". Tú decides qué emociones compartes con los demás y cuándo. Puedes decir amablemente: "Agradezco tu preocupación, pero prefiero no hablar de ello ahora".
- **Límites mentales:** Tus pensamientos y creencias son preciosos. Protégelos como protegerías un cofre del tesoro. Está perfectamente bien decir: "Prefiero no hablar de mis creencias sobre este tema", si una conversación te incomoda.
- **Límites temporales:** Tu tiempo y tu energía son recursos valiosos. Al igual que una cuenta bancaria, tú decides cómo gastar estos recursos. Puedes decir: "No estoy disponible en este momento, pero puedo hacerlo más tarde", cuando alguien te pida tiempo.

La pregunta importante que debemos hacernos es: ¿por qué necesitamos límites? Echemos un vistazo:

- **Protección:** Los límites protegen a tu niño interior de cualquier daño. Evitan que otros sobrepasen tus límites y te causen daños emocionales o físicos.
- **Respeto:** Establecer límites transmite a los demás el mensaje de que te valoras y te respetas. Cuando respetas tus necesidades, es más probable que los demás hagan lo mismo.
- **Autocuidado:** Los límites son un acto de amor propio. Te dan el espacio y la libertad necesarios para atender las necesidades de tu niño interior, garantizando que no te quemes ni te agotes emocionalmente.
- **Relaciones saludables:** Los límites son el pegamento que mantiene unidas las relaciones sanas. Crean una dinámica equilibrada en la que ambas partes se sienten escuchadas y comprendidas.
- **Claridad y comunicación:** Los límites proporcionan claridad en tus interacciones con los demás. Te ayudan a comunicar tus necesidades y expectativas, reduciendo los malentendidos y los conflictos.
- **Crecimiento personal:** Los límites sanos fomentan el crecimiento personal y el autodescubrimiento. Te permiten salir de tu zona de confort sin comprometer tu bienestar.
- **Resiliencia:** Los límites crean resiliencia emocional, ayudándote a recuperarte de los contratiempos y los desafíos. Proporcionan un amortiguador contra la negatividad y la toxicidad.
- **Prioridades equilibradas:** Los límites te ayudan a equilibrar tus compromisos y responsabilidades.

Garantizan que no te extiendas demasiado y que tengas tiempo para el autocuidado y las cosas que te gustan.

LA DIFERENCIA ENTRE LÍMITES SALUDABLES Y NO SALUDABLES

Es importante que entendamos la diferencia entre límites saludables y no saludables. Veámoslo más de cerca:

Límites saludables:

- **Comunicación clara:** Los límites sanos implican una comunicación abierta, honesta y respetuosa. Expresas tus necesidades, deseos y límites con amabilidad pero con firmeza.
- **Autocuidado:** Priorizan tu bienestar y autocuidado. Sabes cuándo decir "no" cuando algo no se alinea con tus valores o agota tu energía.
- **Respeto a los demás:** También respetan los límites de los demás. Reconoces y respetas sus límites, del mismo modo que esperas que ellos respeten los tuyos.
- **Flexibilidad**: Los límites sanos pueden adaptarse a distintas situaciones. No son rígidos, sino como una vela que se ajusta a los vientos de la vida.

Límites no saludables:

- **Sobrepasar los límites:** Los límites poco saludables suelen implicar permitir que otros sobrepasen tus límites o hacer lo mismo con ellos. Esto puede provocar resentimiento y malestar.
- **Complacer a la gente:** Puede que tengas la costumbre de

decir "sí" a todo para evitar conflictos o conseguir aprobación, aunque vaya en contra de tus intereses.

- **Aislamiento:** En el lado opuesto, algunas personas construyen muros tan altos que se aíslan. Esto puede conducir a la soledad y a la pérdida de oportunidades de crecimiento y conexión.
- **Rigidez:** Los límites poco saludables pueden ser rígidos e inflexibles. Puede que te aferres a los mismos patrones, aunque ya no te sirvan.

Proteger a tu niño interior significa reconocer que establecer límites sanos no es egoísta; es un acto de amor propio y autoconservación.

¿CÓMO INFLUYE NUESTRA INFANCIA EN EL DESARROLLO DE LOS LÍMITES?

Piensa en tu yo más joven como en un arbolito. Si te alimentaron con amor, cuidado y respeto, probablemente creciste hasta convertirte en un árbol robusto con límites fuertes y sanos. Pero si el entorno de tu infancia fue turbulento o negligente, esos límites podrían parecerse más a una valla endeble que necesita reparación.

Nuestro pasado moldea nuestro presente, y reconocer esta conexión es el primer paso. No se trata de culpar a nadie, sino de comprender cómo han influido tus experiencias en el desarrollo de tus límites. Tómate un momento para reflexionar sobre tus primeros años: la dinámica familiar, las relaciones y cualquier acontecimiento significativo. ¿Qué patrones puedes detectar? ¿Te sentías seguro expresando tus necesidades y opiniones? ¿Respetaban tu espacio personal y tus emociones?

Vamos a intentar identificar las áreas donde nuestro jardín de límites podría carecer de flores vibrantes. Todos tenemos puntos ciegos únicos, así que no te preocupes si encuentras algunos. Todo forma parte del proceso de sanación de tu niño interior.

- **Baches de complacencia:** ¿Eres un complaciente crónico, que siempre antepone las necesidades de los demás a las tuyas? Es un signo común de límites débiles. Recuerda que está bien decir no y dar prioridad a tu bienestar.
- **Sobrecarga emocional:** ¿Te encuentras a menudo abrumado por las emociones de los demás, absorbiendo su estrés como una esponja? Podría ser una señal de que tus límites emocionales necesitan un poco más de amor.
- **Invasión del espacio personal:** Si sientes que la gente invade constantemente tu espacio personal, física o emocionalmente, es una pista de que quizá necesites reforzar esos límites.
- **Tolerar la falta de respeto:** ¿Toleras comportamientos irrespetuosos o hirientes de los demás sin decir nada? Tu niño interior merece respeto, y tú también.

Echemos una mirada retrospectiva a esos años de formación. ¿Qué experiencias pueden haber contribuido a tus problemas de límites? ¿Creciste en un entorno en el que no se tenían en cuenta tus sentimientos? ¿Hubo momentos en los que se violó tu espacio personal? ¿Fuiste testigo de relaciones poco saludables a tu alrededor? Estas experiencias pueden ser como pequeñas malas hierbas que brotaron en tu jardín de límites.

Recuerda que no estamos pensando en el pasado para culpar o guardar rencor. Estamos iluminando esas malas hierbas para que podamos empezar a arrancarlas y dejar espacio para que florezcan límites hermosos y sanos.

Comprender por qué los límites son esenciales para tu niño interior es como poner los cimientos de una casa sólida. Reconocer el impacto de tus experiencias infantiles en el desarrollo de tus límites, identificar las áreas en las que los límites necesitan ser reforzados y reflexionar sobre las experiencias pasadas que te dieron forma son pasos vitales en este viaje de sanación.

RECONOCER LOS SIGNOS DE EROSIÓN O VIOLACIÓN DE LOS LÍMITES Y MANTENERLOS

¿Sabes reconocer los signos de la erosión de los límites? En la vida, la erosión de los límites puede adoptar muchas formas. Puede tratarse de alguien que invade constantemente tu intimidad, no respeta tus opiniones o manipula tus emociones. Estas situaciones pueden ser agotadoras, pero reconocerlas es el primer paso hacia la sanación. Así que estate atento a esos sentimientos incómodos: son la forma que tiene tu niño interior de decirte: "Eh, aquí hay algo que no va bien".

Establecer límites puede parecer intimidante, pero se trata de defenderte a ti mismo de forma respetuosa. Empieza por reconocer tus sentimientos y necesidades. Las necesidades de tu niño interior son tan válidas como las de cualquier otra persona.

Cuando llegue el momento de poner un límite, sé directo pero amable. Puedes decir algo como: "Ahora mismo necesito estar a solas" o "No me gusta que me hables así". Recuerda que no pasa nada por defenderte, y que no le debes a nadie una disculpa por proteger a tu niño interior.

Entonces, ¿cómo mantenemos nuestros límites a lo largo del tiempo? No es una cosa de una sola vez; es una práctica continua. Empieza por ser coherente. Si dejas pasar un límite una vez, será más fácil que otros lo ignoren en el futuro.

Rodéate de personas que respeten tus límites. Tu niño interior merece estar en compañía de quienes te elevan y apoyan, no de quienes empujan constantemente tus límites. Si alguien ignora o sobrepasa repetidamente tus límites, plantéate si esa relación vale la pena para tu bienestar emocional.

Por último, ten paciencia contigo mismo. Establecer y mantener límites puede ser una curva de aprendizaje. Puede que tropieces por el camino, y eso está perfectamente bien. Todo forma parte del camino hacia la sanación de tu niño interior.

DISEÑAR UN PLAN DE PROTECCIÓN PERSONALIZADO PARA TU NIÑO INTERIOR

Tienes que diseñar un plan de protección a la medida de tu niño interior. Tómate un tiempo para reflexionar sobre lo que te hace sentir seguro y respetado. ¿Qué comportamientos de los demás te provocan malestar? ¿Qué necesitas para sentirte seguro? Tal vez sea una comunicación clara, espacio cuando lo necesites o simplemente decir no cuando quieras. Una vez que tengas tu plan, es hora de ponerlo en práctica.

Recuerda que tu niño interior merece esta protección, y que está perfectamente bien dar prioridad a tu bienestar.

La seguridad de tu niño interior es lo primero. Sé claro y firme sobre tus límites, y no te dejes llevar por la culpa o la manipulación. Las relaciones sanas respetan tus límites. Si alguien se resiste, puede ser señal de que no encaja bien en tu círculo íntimo.

A veces, el mayor reto a la hora de establecer límites es enfrentarte a tu resistencia interior. Puedes dudar de ti mismo, preocuparte por herir los sentimientos de los demás o sentirte culpable. No pasa nada; es perfectamente normal.

Para hacer frente a esta resistencia interior, recuérdate que los límites son una forma de amor propio. Te estás cuidando, como haría un padre cariñoso. Sé amable contigo mismo y recuerda que mereces respeto y protección.

Cuando empieces a imponer tus límites, puede que te sientas incómodo o vulnerable. Eso también está bien. El crecimiento suele producirse fuera de tu zona de confort. Acepta esa incomodidad como una señal de que estás haciendo algo valiente y transformador.

Respáldate en tu sistema de apoyo, ya sean amigos, familiares o un terapeuta. Pueden ayudarte a navegar por esas aguas agitadas y ofrecerte un salvavidas cuando las cosas se pongan difíciles.

Diseña tu plan de protección, mantente firme frente a los arrebatos de los demás, aborda tu resistencia interior y recuerda que manejar la incomodidad forma parte del proceso de sanación.

ELEMENTO INTERACTIVO

¿Cuántas veces has sentido que se traspasaban tus límites? ¿Realmente has reflexionado sobre esto? Sabemos cuándo que cuando ocurre no nos gusta, pero ¿sabemos con qué frecuencia ocurre, cuándo o por qué?

Para este ejercicio, me gustaría que te tomaras un momento y tomaras un cuaderno o abrieras una aplicación de notas en tu teléfono. Quiero que anotes situaciones reales en las que hayas sentido que se traspasaron tus límites.

- Ese amigo que constantemente drena tu energía.
- Un familiar que espera que siempre digas que sí.
- Un colega que no respeta tu opinión.
- Una pareja que empuja tus límites.

¿Listo? ¡Genial! Ahora, vuelve a leer esa lista y hazte esta importante pregunta. ¿Qué pasaría si impusiera mis límites en esta situación? Te estarías haciendo el mejor regalo.

Quiero que tomes tu lista de límites cruzados y la utilices como punto de partida. Empieza a establecer esos límites: protege a tu niño interior y observa cómo se transforma tu vida. Recuerda, no se trata de construir muros; se trata de crear un espacio seguro y nutritivo donde tu niño interior pueda florecer.

Sugerencias para el diario

1. Piensa en un límite saludable que te gustaría establecer de tu lista. ¿Qué acciones concretas podrías emprender para comunicar y hacer cumplir este límite de forma respetuosa y asertiva?
2. ¿Qué crees que contribuye a que permitas que crucen tus límites repetidamente?
3. ¿Qué te impide imponer y comunicar tus límites? ¿Miedo, culpa o incomodidad?
4. ¿Cuáles son algunas experiencias positivas en las que establecer límites mejoró tu bienestar? ¿Qué lecciones puedes extraer de estos casos a la hora de establecer límites en el futuro?

Al concluir el Paso 6 de este capítulo, quiero que lleves contigo el conocimiento de que los límites son un regalo que le haces a tu niño interior, una promesa de protegerlo y cuidarlo.

En el siguiente capítulo, con el Paso 7, exploraremos el arte de dejar ir el pasado. Juntos, aprenderemos a liberarnos de las cargas del ayer, haciendo sitio para un futuro más brillante y alegre.

11

PASO 7: DEJAR ATRÁS EL PASADO

Perdonar es renunciar a la esperanza de que el pasado podría haber sido diferente, pero no podemos avanzar si seguimos aferrándonos al dolor de ese pasado y deseando que fuera algo distinto.

— OPRAH WINFREY

Ha llegado el momento de explorar el increíble poder del perdón y el arte de liberarte de las cargas que te agobian. En este capítulo, te mostraré cómo desenredar esos nudos de dolor para que por fin puedas dejar de revivir esas viejas heridas y liberarte de las garras del pasado. Hasta que no liberes ese dolor, éste aparecerá sigilosamente y causará más daño en tu presente.

Nuestro niño interior es esa parte de nosotros que retiene todo el daño, el dolor y el trauma que hemos experimentado en nuestro pasado. Es como una pequeña versión de nosotros mismos que sigue cargando con el equipaje de hace años. Y cuando no lo soltamos o perdonamos, ese equipaje puede agobiarnos de formas de las que ni siquiera nos damos cuenta.

Ahora, imagina a una mujer llamada Kris. Es madre de tres hijos preciosos, pero tiene dificultades porque creció con una madre tóxica. Las constantes críticas y el abuso emocional de su madre dejaron profundas cicatrices en la niña interior de Kris. Cuando se convirtió en madre, se dio cuenta de que repetía los mismos patrones hirientes con sus hijos. Estaba atrapada en un ciclo de negatividad que quería romper desesperadamente.

Kris se dio cuenta de que para ser la madre cariñosa y generosa que quería ser y dar a sus hijos la vida que se merecían, tenía que enfrentarse a su pasado. Tenía que perdonar a su madre tóxica, no por el bien de su madre, sino por su paz interior y el futuro de sus hijos.

Desprenderse del resentimiento y la amargura puede ser como despojarse de un pesado abrigo que has llevado durante años. No es fácil, pero es necesario para tu libertad emocional. Kris empezó reflexionando sobre su infancia, reconociendo el dolor que sentía y permitiéndose llorar por la infancia que nunca tuvo.

Visualiza esto conmigo: Kris se sentó en una habitación tranquila, cerró los ojos y se imaginó a sí misma de niña, herida y confundida. Vio a su madre tóxica delante de ella e imaginó que decía las palabras: "Te perdono". No se trataba de justificar o consentir las acciones de su madre; se trataba de liberar el poder que ese dolor tenía en su corazón.

Cuando Kris perdonó, sintió que se le quitaba un peso de encima. Era como un rayo de sol que se abría paso entre las nubes. Pudo respirar mejor y comenzó a sentir una paz interior que no había experimentado en años.

Y aquí está la parte hermosa de esta historia: cuando Kris sanó a su niña interior y perdonó su pasado, rompió el ciclo generacional de toxicidad. Aprendió a criar a sus hijos con amor y bondad, dándoles la vida que siempre había deseado para sí misma. Su viaje no siempre fue fácil, pero la transformación fue notable.

Creo en ti, y sé que tú, como Kris, puedes encontrar la fuerza para dejar ir y perdonar. Es un paso poderoso hacia la vida que realmente mereces, una vida llena de amor, felicidad y paz interior.

¿QUÉ ES EL PERDÓN Y CÓMO PERDONAMOS?

El perdón es como una varita mágica que puede transformar tu vida. No se trata de aceptar o justificar acciones hirientes ni de dejar a nadie libre de culpa. Por el contrario, se trata de liberarte de la pesada carga de ira, resentimiento y dolor que has estado arrastrando. Perdonar es liberarte de los grilletes emocionales que te retienen.

Una gran pregunta sobre la que reflexionar es: ¿por qué tendríamos que perdonarnos a nosotros mismos? Todos cometemos errores; no hay escapatoria. Pero a veces nos aferramos a esos errores, castigándonos por ellos durante años. Esta autoculpabilización puede mantenerte atascado en el pasado, impidiéndote abrazar el presente y el futuro.

Perdonarte a ti mismo es un acto de autocompasión. Se trata de reconocer tus errores, aprender de ellos y elegir seguir adelante con amor y comprensión. Cuando te perdonas, creas espacio para la sanación y el crecimiento. Recuerda que mereces el perdón tanto como cualquier otra persona.

Entonces, la siguiente pregunta debería ser: ¿cómo nos perdonamos a nosotros mismos? Perdonarse a uno mismo no siempre es fácil, pero es totalmente posible. Aquí tienes algunos pasos que te ayudarán en el camino:

- **Reconoce tus sentimientos:** Empieza por reconocer las emociones a las que te aferras. ¿De qué te culpas? Permítete sentir esas emociones sin juzgarlas.
- **Reflexiona sobre ti mismo:** Reflexiona sobre por qué tomaste esas decisiones o cometiste esos errores en el pasado. ¿Qué estaba pasando en tu vida en aquel momento? Comprender el contexto puede ayudarte a soltarte.
- **Aprende y crece:** Utiliza tu pasado como maestro. ¿Qué lecciones has aprendido de tus errores? ¿Cómo has crecido y evolucionado como persona? Esta perspectiva puede ser fortalecedora.
- **Autocompasión:** ¿Has tenido alguna vez una conversación con un gran amigo que está luchando contra una mala decisión que ha tomado? No dudo de que fuiste comprensivo y compasivo, recordándole que necesitaba perdonarse a sí mismo. Ésa es exactamente la compasión que necesitas mostrarte ahora.

Perdonar puede ser duro, sobre todo cuando las heridas son profundas. Si te cuesta perdonar, no pasa nada. Esto es lo que puedes hacer:

- **Crea un ritual de perdón:** Enciende una vela, quema incienso o busca un lugar tranquilo en la naturaleza. Realiza un ritual o una ceremonia en la que liberes simbólicamente las emociones negativas ligadas a la persona o situación a la que estás perdonando. Imagina que las cargas se disipan mientras lo haces.

- **Visualiza el perdón:** Cierra los ojos y visualiza una escena en la que tú y la persona a la que tienes que perdonar estén en paz. Imagínate más ligero, perdonando y dejando ir cualquier sentimiento negativo. La visualización puede ayudar a reprogramar tu mente hacia el perdón.
- **Expresión artística:** Utiliza el arte para procesar y expresar tus sentimientos. Pinta, dibuja, esculpe o crea cualquier forma de arte que represente tu viaje hacia el perdón. A veces, el acto de crear puede ser increíblemente terapéutico.
- **Ejercicio de empatía:** Ponte en el lugar de la persona a la que estás perdonando, aunque seas tú. Intenta comprender su perspectiva y lo que pudo llevarla a actuar así. Esto puede ayudarte a desarrollar la empatía, que es un componente clave del perdón.
- **Meditación y atención plena:** Practica la meditación del perdón, en la que te centras en dejar ir el resentimiento y sustituirlo por la compasión. La atención plena puede ayudarte a ser consciente de tus sentimientos sin juzgarlos, lo que facilita el perdón.
- **Gesto simbólico:** Crea un gesto simbólico para representar el perdón. Podría ser plantar un árbol o incluso hacer un donativo a una organización benéfica en nombre de la persona a la que perdonas. Recuerda que también puedes ser tú. Este acto físico puede ser un poderoso símbolo de tu perdón.

CÓMO DEJAR IR LA VERGÜENZA Y LA CULPA

Empecemos por comprender qué son realmente la vergüenza y la culpa.

La vergüenza es esa pesada sensación de que eres intrínsecamente defectuoso o indigno. A menudo proviene de experiencias pasadas, sobre todo durante la infancia, en las que te pueden haber hecho sentir inadecuado o menos valioso que los demás. La vergüenza puede hacerte creer que eres fundamentalmente una mala persona, y puede ser una emoción profundamente dolorosa de manejar.

La culpa, en cambio, tiene que ver más con sentir remordimientos por una acción o un comportamiento concretos. Es una señal de que has hecho algo que no se ajusta a tus valores o que ha herido a alguien. En realidad, la culpa puede ser una emoción saludable cuando te incita a enmendar o cambiar tu comportamiento. Sin embargo, puede convertirse en algo destructivo cuando se vuelve excesiva o crónica.

Aquí te muestro cómo puedes comenzar a dejar atrás la vergüenza y la culpa:

- **Reconoce tus sentimientos:** El primer paso es reconocer y aceptar que sientes vergüenza o culpa. A veces, intentamos enterrar estas emociones, pero reconocerlas es esencial para iniciar el proceso de sanación.
- **Identifica la fuente:** Intenta identificar el origen de tu vergüenza o culpa. ¿Fue algo de tu pasado o un acontecimiento reciente? Comprender de dónde proceden estos sentimientos puede ayudarte a abordarlos con mayor eficacia.
- **Aprende y crece:** Si tu sentimiento de culpa está relacionado con una acción concreta, aprovéchalo como

una oportunidad de crecimiento personal. Discúlpate si es necesario y toma medidas para evitar errores similares en el futuro. Esto puede ser increíblemente fortalecedor.

- **Desafía las creencias negativas:** Desafía esas creencias negativas sobre ti mismo que la vergüenza ha arraigado en tu mente. Recuérdate a ti mismo tus puntos fuertes, tus logros y las veces que has hecho cosas buenas.
- **Practica la autocompasión:** Perdonarte a ti mismo es un poderoso acto de amor propio. Comprende que nada de lo que hiciste en tu pasado tiene por qué determinar quién eres hoy o en el futuro. Tienes la capacidad para cambiar y crecer.
- **Atención plena y meditación:** Estas prácticas pueden ayudarte a permanecer anclado en el momento presente y a reducir la influencia de la vergüenza y la culpa del pasado. También pueden ayudarte a desarrollar una actitud más compasiva hacia ti mismo.

Recuerda que sanar a tu niño interior y dejar ir la vergüenza y la culpa es un proceso, y puede que no ocurra de la noche a la mañana. Pero con paciencia, autocompasión y la voluntad de enfrentarte directamente a estas emociones, puedes encontrar el camino hacia un lugar de sanación y autoaceptación.

ELEMENTO INTERACTIVO

Me gustaría guiarte a través de un ejercicio práctico de perdón en tres pasos que puedes aplicar a diversas situaciones de tu vida.

Primer paso: el paso de la conversación: hablar y escuchar

Empieza diciéndole a tu yo más joven que comprendes su dolor y que estás ahí para apoyarlo. Comparte un recuerdo o una situación que te gustaría abordar. Es mejor ser lo más específico posible.

Por ejemplo: "¿Recuerdas cuando papá nos arruinó la fiesta de cumpleaños porque estaba borracho, era violento y nos tiró la tarta? Sé que te dolió".

Ahora, escucha a tu niño interior. Puede que exprese su tristeza, ira o resentimiento. Es esencial validar sus sentimientos. Responde con amabilidad y empatía, como: "No pasa nada por sentirse así. Ahora estoy aquí contigo y te amo".

Segundo paso: Planta una semilla de perdón

Qué necesitarás: Una semilla pequeña, como una semilla de girasol o de albahaca, y una maceta con tierra.

Cómo hacerlo:

- Sosteniendo la semilla en la mano, piensa en la persona o situación a la que estás perdonando.
- Mientras plantas la semilla en la tierra, imagina que entierras los sentimientos y emociones negativos.
- A medida que la planta crezca, será un testimonio vivo de tu acto de perdón y sanación. Si te estás perdonando a ti mismo, debes visualizar el crecimiento que estás experimentando gracias al autoperdón. Cada vez que la riegues y la alimentes, estarás alimentando también tu crecimiento interior.

Tercer paso: El ritual de liberación

Este paso consiste en liberar simbólicamente el pasado. Una vez que hayas conversado y te hayas conectado con tu niño interior, escríbele una carta, recordándole que reconoces su herida y su dolor. Dependiendo de lo que te parezca correcto:

- Quémala, observando cómo las llamas consumen las palabras, imaginando que se transforman en energía sanadora.
- O entiérrala en lo más profundo de la tierra, permitiendo que la Madre Naturaleza acune y transforme esa energía.

Cuando termines, tómate un momento. Respira profundamente. Siente la ligereza que proviene de comprender y dejar ir.

Sugerencias para el diario

1. Define lo que significa el perdón para ti. ¿Cómo puede contribuir el perdonarte a ti mismo y a los demás al viaje de sanación de tu niño interior?
2. Considera el impacto de aferrarte a agravios del pasado. ¿Cómo afecta a tus relaciones actuales y a tu felicidad en general?
3. Explora el perdón como forma de autoliberación. ¿Cómo te libera perdonar a los demás de la carga emocional del pasado?
4. ¿Qué culpa y vergüenza arrastras desde la infancia? ¿Qué pasos puedes dar para liberarte de su dominio sobre ti?
5. Considera el papel del autoperdón en tu viaje de sanación. ¿Qué aspectos de ti mismo te resulta difícil perdonar y cómo puedes trabajar hacia la autoaceptación?

En este capítulo fundamental sobre dejar ir, el Paso 7 nos hizo mirar en lo más recóndito de nuestro corazón, aprendiendo a perdonarnos a nosotros mismos y a los que nos rodean por las heridas y miedos del pasado que nos han frenado. Ahora que nos encontramos en el umbral de los últimos capítulos, preparados para abrazar el crecimiento continuo, llevemos con nosotros la sabiduría adquirida al liberarnos de las cargas de nuestro pasado.

PARTE III

TERCERA PARTE: DE CARA AL FUTURO

12

CRECER CON FUERZA

 La vulnerabilidad no es ganar o perder; es tener el coraje de presentarse y ser visto cuando no tenemos control sobre el resultado. La vulnerabilidad no es debilidad; es nuestra mayor medida de coraje.

— BRENEE BROWN

Hablemos de algo verdaderamente empoderador: abrazar nuestra fortaleza. Al aceptar el crecimiento continuo, la vulnerabilidad y la resiliencia, no sólo maduramos, sino que nos hacemos más sabios, más amables y más fuertes. Vivimos en un mundo en el que nos han dicho que las personas fuertes son como muros de roca: silenciosas, duras e inflexibles. Pero, ¿adivina qué? Estamos a punto de romper ese mito. La verdadera fuerza, la que reside en lo más profundo de cada uno de nosotros, reside en ser flexible, ceder y estar abiertos al aprendizaje.

CÓMO AYUDA ABRAZAR Y NUTRIR A NUESTRO NIÑO INTERIOR

Tu niño interior es la clave de muchos aspectos de tu vida adulta, y al cuidar de esa parte joven y vulnerable de ti mismo, podrás experimentar una profunda transformación.

Piénsalo así: tu niño interior arrastra recuerdos, emociones y experiencias de tu pasado que aún pueden influir en tu presente. Al reconocer y curar esas heridas, creas espacio para el crecimiento, la autocompasión y las conexiones auténticas contigo mismo y con los demás. Es como si le brindaras a tu niño interior un lugar cálido y reconfortante para sanar.

Aquí te explico por qué abrazar y nutrir a este niño interior es una experiencia tan poderosa y sanadora:

- **Autodescubrimiento:** Nuestro niño interior lleva la esencia de lo que realmente somos antes de que los retos de la vida y las expectativas de la sociedad nos moldearan. Al reconectar con esta parte de nosotros mismos, podemos descubrir nuestros auténticos deseos, pasiones y valores. Es como redescubrir un tesoro oculto en nuestro interior.
- **Sanación emocional:** Muchos de nosotros arrastramos emociones no resueltas de la infancia: dolor, tristeza, ira o incluso alegría que nunca se expresó plenamente. Abrazar a nuestro niño interior nos permite liberar estas emociones de forma saludable, fomentando la sanación emocional y el bienestar mental.
- **Mejora de las relaciones:** A medida que nutrimos y sanamos a nuestro niño interior, mejoramos en la comprensión de nuestras necesidades emocionales. Esta nueva conciencia puede mejorar enormemente nuestras relaciones. Aprendemos a comunicar nuestros

sentimientos con más eficacia y a establecer conexiones más profundas con los demás.

- **Resiliencia:** Tu niño interior contiene las semillas de tu resiliencia. Al alimentar esta parte de ti mismo, aprovechas un manantial de fuerza que puede ayudarte a afrontar los retos de la vida con más elegancia. Es como tener un animador interior que cree en tu capacidad para superar cualquier cosa.

- **Sanar el pasado:** Muchos de nosotros arrastramos heridas de la infancia, experiencias que nos dejaron cicatrices en el corazón. Abrazar y alimentar a nuestro niño interior nos permite volver a visitar esos recuerdos dolorosos, no para revivir el dolor, sino para sanarlo. Es como ofrecer un abrazo tranquilizador al niño que llevamos dentro, diciéndole que estará bien y que es amado.

ABRAZA LA VULNERABILIDAD

Cuando se trata de sanar a nuestro niño interior, abrazar la vulnerabilidad puede marcar la diferencia. Pero antes, aclaremos qué es y qué no es la vulnerabilidad. La vulnerabilidad no es debilidad. No se trata de ser condescendiente ni de exponerte a que te hagan daño. Se trata de mostrar valientemente tu verdadera esencia con todas tus imperfecciones, miedos y sentimientos. La vulnerabilidad es como abrir la puerta a tu mundo interior, dejar que entre la luz.

Hablemos ahora del poder de ser vulnerable en el proceso de sanación. Cuando te permites ser vulnerable, creas espacio para el crecimiento y la conexión. Es como curar una herida: exponerla al aire fresco y a la luz del sol la ayuda a sanar. Del mismo modo, compartir tus vulnerabilidades te permite curar heridas emocionales y establecer conexiones más profundas contigo mismo y con los demás.

Pero, ¿por qué es tan importante la vulnerabilidad? Bueno, es la puerta de entrada a la autenticidad y la autoaceptación. Cuando aceptas la vulnerabilidad, reconoces tu humanidad. Te das permiso para sentir y ser imperfecto, y ahí es donde se produce la magia. Empiezas a comprender las necesidades, miedos y deseos de tu niño interior, lo cual es crucial para la sanación y el desarrollo personal.

Ahora, hablemos de cómo ser vulnerable con seguridad. La seguridad es clave aquí, y empieza por elegir a las personas adecuadas con las que abrirse. Busca a quienes hayan demostrado ser dignos de confianza y comprensivos. Empieza poco a poco, compartiendo tus sentimientos gradualmente, tanteando el terreno. Recuerda que no pasa nada por poner límites y decir que no si no estás preparado.

ABRAZA LA RESILIENCIA

Entonces, ¿qué es exactamente la resiliencia? Piensa en ella como tu poder interior, tu capacidad para recuperarte cuando la vida se complica. Es esa fuerza inquebrantable que te ayuda no sólo a sobrevivir, sino a prosperar en tiempos difíciles.

Preguntémonos, ¿cómo superamos la adversidad? La resiliencia es tu escudo, tu arma secreta contra los altibajos de la vida. Cuando la adoptas, estás mejor equipado para afrontar las tormentas que se te presenten.

Pero, ¿cómo puedes ser más resiliente? Empieza por abandonar esa mentalidad de víctima. Aquí tienes cinco pasos que te ayudarán a cultivar una mentalidad y una vida más resilientes:

- **Autoconciencia:** Comprende tus puntos fuertes y débiles. Conocerte a ti mismo es el primer paso para desarrollar la resiliencia.
- **Aceptación:** Acepta tu pasado y reconoce que ha dado forma a lo que eres hoy. La aceptación es la base del crecimiento.
- **Adaptabilidad:** La vida está llena de sorpresas. Aprende a adaptarte al cambio y a verlo como una oportunidad de crecimiento, no como una amenaza.
- **Resolución de problemas**: En lugar de obsesionarte con los problemas, céntrate en encontrar soluciones. Un enfoque proactivo es clave para la resiliencia.
- **Aprende de los reveses:** El fracaso no es el final; es una lección. Analiza lo que salió mal y utilízalo como trampolín para el éxito futuro.

Al seguir estos pasos, podrás deshacerte de esa mentalidad de víctima y abrazar tu poder personal. Descubrirás una fuente de fortaleza dentro de ti que no sabías que existía. Recuerda, eres más fuerte de lo que crees, y la resiliencia es tu superpoder.

ELEMENTO INTERACTIVO

Te invito a realizar una autoevaluación de resiliencia. Es una herramienta simple pero poderosa que puede iluminar tus fortalezas y áreas de mejora. Recuerda, aquí no hay juicios, solo una oportunidad para aprender más sobre ti mismo.

Así que, en una escala del 1 al 4, donde 1 significa "Nunca o rara vez" y 4 significa "Siempre". Repasemos estas 13 preguntas:

1. ¿Tienes a alguien en quien confíes y a quien puedas acudir en busca de apoyo?

2. ¿Con qué frecuencia contribuyes al bienestar de los demás?
3. ¿Estás cuidando bien de ti, desde el ejercicio hasta el sueño y llevar una dieta equilibrada?
4. ¿Realizas regularmente prácticas que calmen tu mente y tu cuerpo?
5. Cuando te enfrentas a desafíos, ¿consideras múltiples perspectivas y opciones?
6. ¿Cuánta confianza tienes en ti mismo, en tu intuición y en tus capacidades?
7. ¿Estás abierto a experiencias nuevas y desconocidas?
8. ¿Te enfrentas a los desafíos creyendo que puedes superarlos?
9. ¿Eres consciente del mundo que te rodea y puedes anticipar oportunidades y desafíos?
10. ¿Has afrontado antes desafíos difíciles y has encontrado formas saludables de superarlos?
11. Cuando surgen desafíos, ¿los afrontas sin negarlos ni evitarlos?
12. ¿Participas en actividades que te satisfacen profundamente y captan tu atención?
13. ¿Puedes mantener la perspectiva de tus desafíos teniendo en cuenta el panorama general?

Cómo interpretar los puntajes

- **Si obtienes una puntuación de 36 o superior:** Te percibes como resiliente. Es probable que no sólo prosperes cuando te enfrentes a desafíos, sino que también tengas potencial para convertirte en una sólida fuente de apoyo y un modelo inspirador para quienes te rodean.
- **Si obtienes una puntuación de 27-35:** Crees que eres resiliente la mayor parte del tiempo, lo que sugiere que es probable que manejes adecuadamente la mayoría de los

desafíos. De todas maneras, tienes potencial para reforzar tu resiliencia.

- **Si obtienes una puntuación de 26 o menos:** No crees que eres resiliente en absoluto. Tienes mucho margen de mejora. Esta puntuación es normal en quienes no se han enfrentado a desafíos en la infancia o se han visto inundados de ellos.

Cuando te plantees estas preguntas, sé amable contigo mismo. No hay prisa ni necesidad de ser perfecto.

Al concluir este capítulo sobre cómo abrazar la resiliencia y el crecimiento, es importante reconocer que hemos explorado la increíble fuerza que reside en nuestro interior y hemos identificado áreas en las que podemos seguir alimentando y ampliando esa fuerza.

13

CELEBRAR Y CREAR CON FUERZA

Las cosas más bellas no están asociadas al dinero; son recuerdos y momentos. Si no celebras esos momentos, podrían pasarte de largo.

— ALEK WEK

Es hora de aprender a fomentar una mentalidad que no sólo celebre nuestros éxitos, sino que también acoja nuestros fracasos como valiosos peldaños en nuestro camino hacia el crecimiento personal. Se trata de aprender a vivir con alegría y poder, y con cada pensamiento, palabra, acción, reflexión o momento de revelación, te encontrarás convirtiéndote en una persona más resiliente, alegre y empoderada.

¿POR QUÉ DEBEMOS QUE CELEBRAR?

La celebración es como un cálido abrazo para tu alma. Es un reconocimiento gozoso de tus progresos y logros a lo largo del camino.

Entonces, ¿cómo nos ayuda la celebración en nuestro viaje de sanación?

- **Aumenta nuestra confianza:** Celebrar tus logros, grandes o pequeños, aumenta tu confianza en ti mismo. Te recuerda que eres capaz y que has recorrido un largo camino.
- **Motiva el progreso:** Cuando celebras tu crecimiento personal, se alimenta tu motivación para seguir adelante. Empiezas a ver el impacto positivo de tus esfuerzos, lo que te anima a continuar el viaje.
- **Fomenta la autocompasión:** Celebrar tus progresos es un acto de autocompasión. Envía el mensaje de que te valoras a ti mismo y a tu camino de sanación. Es una forma de decir: "Yo importo, y mi crecimiento importa".

Ahora, hablemos de algunas formas únicas de celebrar tu crecimiento personal:

- **Crea un tablero de visión:** Elabora un tablero de visiones lleno de imágenes y citas que representen tus sueños y aspiraciones. Cuando alcances un hito en tu camino de sanación, añade un símbolo o una nota a tu tablero. Verlo crecer con el tiempo puede ser increíblemente motivador y gratificante.
- **Baila:** Pon tu música favorita y organiza una fiesta de baile en solitario. Bailar es una forma fantástica de liberar emociones reprimidas y celebrar tu vitalidad. Suéltate y disfruta del momento.
- **Planta un jardín simbólico:** Planta un jardín real o simbólico para representar tu crecimiento. Cada vez que progreses, añade una flor, piedra u objeto decorativo a tu

jardín. Verlo florecer será un hermoso recordatorio de tu fuerza interior.

- **Organiza un "día para mí"**: Dedícate un día entero a ti mismo. Realiza actividades que te aporten alegría, ya sea ir de excursión, visitar un museo o simplemente deleitarte con tu libro favorito. Este día se trata de celebrarte a ti y a tu viaje.

ABRAZAR EL CRECIMIENTO TRANSFORMADOR Y LA PLENITUD

Centrémonos en mantener una mentalidad de crecimiento. Ésta es la base para sanar a nuestro niño interior. Una mentalidad de crecimiento consiste en creer en nuestra capacidad para cambiar y crecer, independientemente de lo que nos depare la vida.

Un aspecto clave de la mentalidad de crecimiento es aceptar los desafíos. En lugar de verlos como obstáculos, considéralos oportunidades de crecimiento. Otro elemento importante es la autocompasión. Lo hemos mencionado varias veces a lo largo del libro porque es importante. Tenemos que ser conscientes de cómo nos hablamos a nosotros mismos. Reconoce que la perfección es un mito. La autocompasión te permite perdonarte los errores del pasado y avanzar con amor y comprensión.

Entonces, ¿cómo puedes mantener la motivación a largo plazo?

Hablamos de la importancia de celebrar tus progresos a todos los niveles. Esto mantiene viva tu motivación y te recuerda que estás dando pasos continuos hacia la sanación de tu niño interior.

A lo largo de estas páginas, hemos hablado de construir esa comunidad de apoyo. Comparte tu viaje con amigos o con un terapeuta que pueda proporcionarte ánimo y orientación. Saber que no estás solo puede ser increíblemente motivador y reconfortante.

Además, mantén la curiosidad y la mente abierta. Acepta la idea de que siempre hay algo más que aprender sobre ti mismo y sobre el mundo que te rodea. Esta curiosidad te mantendrá comprometido y entusiasmado con tu crecimiento personal.

Y por último, recuerda tomarte descansos y practicar el autocuidado. Estos capítulos están llenos de recordatorios sobre la importancia de recargar tus baterías emocionales. Ya sea mediante la meditación, las aficiones o simplemente paseando por la naturaleza, el autocuidado te ayuda a mantenerte equilibrado y motivado.

MANTÉN EN MARCHA EL PROCESO DE SANACIÓN DEL NIÑO INTERIOR

Ya has dado un paso importante al reconocer la existencia de tu niño interior, y eso es fantástico. A lo largo de este libro, hemos dedicado mucho tiempo y esfuerzo a revelar por qué es crucial sanar y avanzar. Ahora, hagamos que esto forme parte de tu vida cotidiana sin esfuerzo.

- **Crea rituales diarios:** La mejor manera de hacer que el trabajo con tu niño interior se convierta en una parte natural de tu vida es transformarlo en un ritual diario. Así como te cepillas los dientes o disfrutas de tu café matutino, dedica unos minutos cada día para conectarte con tu niño interior. Esto puede ser a través de la meditación, la escritura en un diario o simplemente reflexionando sobre tus sentimientos.
- **Mantén tu diario al día:** Utiliza tu diario como una herramienta fantástica para seguir tus progresos y emociones. Sigue escribiendo tus experiencias con tu niño interior, tus objetivos y cualquier revelación que tengas

por el camino. Esto te ayudará a mantener tu compromiso con el crecimiento de tu niño interior.

- **Ajústalo según sea necesario:** La vida es dinámica, y también lo es el trabajo de tu niño interior. Sé flexible y ajusta tu enfoque cuando sea necesario. No seas demasiado duro contigo mismo si no lo haces un día o te encuentras con contratiempos. La sanación es un proceso que dura toda la vida.
- **Abraza tu auténtico ser:** Cuanto más conectes con tu niño interior, más te acercarás a tu ser auténtico. Abraza este hermoso viaje de autodescubrimiento, y recuerda que a cada paso te haces más fuerte.

ELEMENTO INTERACTIVO

Eres más fuerte de lo que crees. Haz una lista de tus nuevas fortalezas:

- Haz una lista de los puntos fuertes que has descubierto en ti a lo largo de este viaje de sanación. Podría tratarse de tu resiliencia, compasión, determinación o cualquier otra cualidad que haya aflorado en ti.

¿Por qué no comenzar un Diario de éxitos?

- Cada noche, dedica unos minutos a anotar tres cosas que hayas hecho bien ese día. Puede ser algo tan sencillo como hacer la cama, mostrarte amable con alguien o cuidar de ti mismo.

Sugerencias para el diario

1. Piensa y escribe los cambios que has realizado en tu vida. Tal vez hayas establecido límites con personas que eran tóxicas, o quizá hayas empezado una nueva afición que te produce alegría.
2. ¿Cómo te hacen sentir estos cambios? Escribe tus pensamientos y emociones. Acepta los sentimientos positivos que conllevan estos cambios.
3. Reconoce y escribe los desafíos a los que te has enfrentado. Este proceso puede ayudarte a reconocer tu crecimiento y a apreciar la fuerza que hizo falta para realizar esos cambios.
4. ¿Qué aspectos de tu vida te gustaría mejorar?
5. ¿Qué sueños y aspiraciones están esperando a ser perseguidos?

Esta práctica te ayuda a centrarte en tus logros y refuerza tu sensación de realización. Verás cómo tu fuerza interior desempeña un papel importante en estos éxitos.

Recuerda que tu niño interior también forma parte de este proceso. Cuídalo y apóyalo mientras te embarcas en este nuevo capítulo de tu vida. Establecer objetivos claros te dará un sentido de propósito y dirección, y alcanzarlos reforzará tu confianza en ti mismo.

Quiero que lleves contigo la sabiduría de que sanar a tu niño interior y cultivar una mentalidad de crecimiento son viajes entrelazados. Abrazar tu pasado, alimentar a tu niño interior y fomentar una mentalidad de crecimiento y aprendizaje continuos forman parte del hermoso tapiz de tu vida.

NADIE RECORRE SOLO ESTE CAMINO

Ninguno de nosotros recorre este camino solo, y tú tienes una oportunidad única de ayudar a otra persona a darse cuenta de ello.

Simplemente compartiendo tu opinión sincera sobre este libro y un poco sobre cómo te ha ayudado, mostrarás a los nuevos lectores dónde pueden encontrar la orientación que necesitan para iniciar su propio camino de sanación.

¿Quieres Ayudar A Los Demás?

Tu reseña puede ser un faro de esperanza para alguien que, como tú, esté buscando un camino hacia el autodescubrimiento y el crecimiento personal.

Muchas gracias por tu apoyo. Todos necesitamos a veces una luz que nos guíe, y tus palabras marcarán una gran diferencia.

CONCLUSIÓN

Al llegar a la conclusión de este viaje transformador a través de estas páginas, quiero expresarte mi más sincera gratitud y admiración por tu compromiso con la sanación, el crecimiento y el auto-descubrimiento. Has demostrado un coraje increíble al emprender este camino, y espero que ya estés empezando a sentir los cambios positivos en tu vida.

A lo largo de este libro, hemos explorado el vasto y profundo mundo del trauma infantil y generacional, descubriendo las raíces de patrones destructivos que pueden haberte retenido durante demasiado tiempo. Juntos, hemos recorrido siete pasos empoderadores que te han dotado de las herramientas y los conocimientos necesarios no sólo para liberarte de esos patrones, sino también para construir fortaleza emocional y experimentar crecimiento personal.

Cada paso que has dado, cada revelación que has tenido, es un testimonio de tu fuerza y resiliencia. El hecho de que hayas llegado a esta conclusión es un logro monumental. Has dado la cara por ti mismo, y eso es algo de lo que debes sentirte inmensamente orgulloso.

En los momentos de duda, cuando el camino se torne difícil o desafiante, te animo a que vuelvas a consultar las secciones de este libro que más resuenen contigo. La sabiduría y la orientación que has descubierto aquí estarán siempre a tu alcance, listos para ofrecerte apoyo y guía siempre que lo necesites.

No olvides nunca que mereces amor, sanación y felicidad. Mereces una vida libre de las cargas de tu pasado. Tu existencia es valiosa, y eres visto, escuchado y amado—no solo por ti mismo, sino también por aquellos que han compartido este camino contigo.

A medida que sigas adelante, permite que el proceso de nutrir y reparentar a tu niño interior herido sea una prioridad en tu vida. Abrazar este viaje de autodescubrimiento y transformación no solo enriquecerá tu propia vida, sino también la de quienes te rodean. Recuerda, dentro de ti reside la fortaleza y las herramientas necesarias para enfrentar lo que venga, y nunca estarás solo en este camino.

REFERENCIAS

Amos, T. (s.f.) *Citas de Tori Amos*. Brainy Quote. https://www.brainyquote.com/quotes/tori_amos_183441

Trauma de apego: Cómo el trauma infantil puede moldear tu estilo de apego, contado por un terapeuta. (2022, 25 de agosto). White Rock Therapy. https://www.whiterocktherapy.net/blog/attachment-trauma-how-childhood-trauma-can-shape-your-attachment-style-as-told-by-a-therapist

Los 15 mejores ejercicios de sanación del niño interior para reparar a tu niño interior (+ hojas de trabajo GRATIS para el niño interior en PDF). (2023, 25 de septiembre). Inefable LIving. https://ineffableliving.com/inner-child-exercises/#29-inner-child-healing-exercises-pdf

Bardugo, L. (s.f.) *Citas de Leigh Bardugo*. Goodreads. https://www.goodreads.com/quotes/8119864-stop-treating-your-pain-like-it-s-something-you-imagined-if

Brown, B. (s.f.). *Citas de Brene Brown*. Happier Human. https://www.happierhuman.com/brene-brown-quotes/#:~

Carter-Sobell, L. (s.f.). *Ejercicio sobre la identificación de factores desencadenantes*. https://www.nova.edu/gsc/forms/client_handout_4_6_exercise_on_identifying_triggers.pdf

Chan, Y. K. (s.f.). *Citas de Yong Kang Chan*. Goodreads. https://www.goodreads.com/work/quotes/63896837-parent-yourself-again-love-yourself-the-way-you-have-always-wanted-to-be

Chen, L. (2015, 19 de octubre). *7 cosas que tu niño interior necesita oírte decir*. Tiny Buddha. https://tinybuddha.com/blog/7-things-your-inner-child-needs-to-hear-you-say/

Maltrato infantil. (2022, 19 de septiembre). Organización Mundial de la Salud. https://www.who.int/news-room/fact-sheets/detail/child-maltreatment

Chopra, D. (s.f.). *El ejercicio de 7 pasos de Deepak Chopra para liberar las turbulencias emocionales*. Gaiam. https://www.gaiam.com/blogs/discover/deepak-chopras-7-step-exercise-to-release-emotional-turbulence

Cikanavičius, D. (2018, 2 de septiembre). *Breve guía sobre la vergüenza tóxica infantil no procesada*. Psych Central. https://psychcentral.com/blog/psychology-self/2018/09/childhood-toxic-shame#1

Cooks-Campbell, A. (2022, 15 de marzo). *Cómo el trabajo con el niño interior permite la sanación y el descubrimiento lúdico*. BetterUp. https://www.betterup.com/blog/inner-child-work#:~:text=t%20remember%20it.-

Coron, J. (s.f.). *Citas de Jeanette Coron*. PsychCentral. https://psychcentral.com/health/quotes-healthy-boundaries#the-need-for-boundaries

Costillo, L. (2023, 15 de octubre). *Estadísticas sobre inteligencia emocional*. Gitex. https://blog.gitnux.com/emotional-intelligence-statistics/

Crouch, S. (2011, 2 de junio). *Cómo dejar de lado la necesidad de aprobación para empezar a prosperar*. Tiny Buddha. https://tinybuddha.com/blog/how-to-let-go-of-the-need-for-approval-to-start-thriving/

Davenport, B. (2023, 5 de marzo). *Sana conscientemente a tu niño interior con estos 11 ejercicios esenciales + hojas de trabajo*. Mindful Zen. https://mindfulzen.co/inner-child-healing-exercises/

Davis, A. (2023, 18 de septiembre). 80 citas curativas de tu niño interior para sentirte validado. Ambitiously Alexa. https://ambitiouslyalexa.

Diukman, Y. (2022, 12 de mayo). *19 citas reveladoras de rumi para navegar por el laberinto de la vida*. BookRetreats. https://bookretreats.com/blog/19-eye-opening-rumi-quotes-for-navigating-the-maze-of-life/

Ficha 10: Cómo nuestros pensamientos gobiernan cómo nos sentimos. (s.f.). MyGriefAssist. https://www.mygriefassist.com.au/factsheets/factsheet-10-how-our-thoughts-govern-how-we-feel/

Forgeard, V. (2022, 1 de octubre). *59 sugerencias para el diario del niño interior que te ayudarán a dar rienda suelta a tu creatividad ¡y a divertirte!* https://brilliantio.com/inner-child-journal-prompts/

4 formas de potenciar tu autocompasión. (2021, 12 de febrero). Harvard Health Publishing. https://www.health.harvard.edu/mental-health/4-ways-to-boost-your-self-compassion

Goleman, D. (s.f.). *Citas de Daniel Goleman*. Centro para la Construcción de una Cultura de Empatía. http://cultureofempathy.com/References/Experts/Daniel-Goleman.htm

Gregory, A. (2020, 18 de noviembre). *Volviendo a criar a mi niño interior: Mi viaje de sanación de la negligencia infantil*. OC87 Diarios de Recuperación. https://oc87recoverydiaries.org/childhood-neglect/

BuenaTerapia. (2022, 24 de enero). *¿Por qué debería ir a terapia? 8 señales de que es hora de ver a un terapeuta*. Blog de Terapia GoodTherapy.org. https://www.goodtherapy.org/blog/why-should-i-go-to-therapy-8-signs-its-time-to-see-a-therapist

Gowmon, V. (s.f.). *Citas de Vince Gowmon*. Kidadl. https://kidadl.com/quotes/top-inner-child-quotes-to-help-you-hea

Haupt, A. (2023, 6 de abril). *Lo que hay que saber sobre el trabajo con el niño interior*. Time. https://time.com/6268636/inner-child-work-healing/

Johnson, E. B. (2022, 19 de julio). *Estos conceptos erróneos clave sobre el trauma infantil te impiden curarte*. Practical Growth. https://medium.com/practical-growth/

these-key-misconceptions-about-childhood-trauma-prevent-you-from-healing-56c6b7eefb9d

Joynson, S. H. (2022, 16 de mayo). *Cómo dejar de descuidar y de maltratar a tu niño interior.* Tiny Buddha. https://tinybuddha.com/blog/stop-abusing-inner-child-practice-self-love-instead/

Jung, C. (s.f.). *Citas de Carl Jung.* Citas de la A a la Z. https://www.azquotes.com/author/7659-Carl_Jung/tag/children

Jung, C. G. (s.f.). *Carl Gustav Jung.* Goodreads. https://www.goodreads.com/quotes/11125-whatever-is-rejected-from-the-self-appears-in-the-world

King, V. (s.f.). *Citas de Vex King.* Goodreads. https://www.goodreads.com/work/quotes/88480071-healing-is-the-new-high-a-guide-to-overcoming-emotional-turmoil-and-fin

L, A. (2020, 11 de diciembre). *Cómo encontré mi propósito en el camino de la sanación.* The Sidebar. https://medium.com/the-sidebar/how-i-found-my-purpose-in-the-healing-journey-3e81c5924491

Lawson, K. (s.f.). *¿Cómo afectan los pensamientos y las emociones a la salud?* Toma las riendas de tu salud y bienestar. https://www.takingcharge.csh.umn.edu/how-do-thoughts-and-emotions-affect-health

Levine, P. (2023, 10 de marzo). *¿Qué es la experiencia somática?* Experiencias somáticas - Continuing Education. https://traumahealing.org/se-101/

Malhorta, M. (s.f.). *Citas de Maddy Malhotra.* El enemigo de la media. https://theenemyofaverage.com/positive-self-talk-quotes/

Meditación para mujeres. (2019, 17 de diciembre). *Meditación del niño interior para sanar / meditación para mujeres.* Women's Meditation Network. https://womensmeditationnetwork.com/heal-your-inner-child-meditation/

Equipo de Contenidos de Herramientas Mentales. (s.f.-a). *Autosabotaje.* MindTools. https://www.mindtools.com/ano939l/self-sabotage

Equipo de Contenidos de Herramientas Mentales. (s.f.-b). *La escala de estrés de Holmes y Rahe.* Www.mindtools.com. https://www.mindtools.com/avn893g/the-holmes-and-rahe-stress-scale

La salud física influye en el bienestar mental. (s.f.) Asociación Americana de Medicina Veterinaria. https://www.avma.org/resources-tools/wellbeing/physical-health-impacts-mental-wellbeing

Pikorn, I. (2020, 1 de julio). *Notar, sanar y liberar a tu niño interior.* Blog Insight Timer. https://insighttimer.com/blog/inner-child-meaning-noticing-healing-freeing/

Schaffner, A. K. (2020, 26 de junio). *Creencias básicas: Hojas de trabajo para desafiar las creencias negativas.* PositivePsychology.com. https://positivepsychology.com/core-beliefs-worksheets/

Scott, E. (2022, 31 de marzo). *Cómo afrontar las emociones negativas y el estrés.*

Verywell Mind. https://www.verywellmind.com/how-should-i-deal-with-nega tive-emotions-3144603

Simone, F. (2017, 4 de diciembre). *La autoconversación negativa: No dejes que te abrume.* Psychology Today. https://www.psychologytoday.com/us/blog/family-affair/201712/negative-self-talk-dont-let-it-overwhelm-you

Historia y testimonios - Trabajo con el niño interior y sanación desde dentro. (2019, 8 de junio). Espacio de Bienestar. https://wellness-space.net/story-and-testimonials-inner-child-work-healing-from-within/

Terlizzi, E. P., y Zablotsky, B. (2020, septiembre). *Tratamiento de la salud mental en adultos: Estados Unidos, 2019.* CDC Centros para el Control y la Prevención de Enfermedades. https://www.cdc.gov/nchs/products/databriefs/db380.htm

Tolle, E. (2023, 2 de mayo). Caer por debajo y elevarse por encima del pensamiento. Eckhart Tolle | Sitio Oficial - Enseñanzas espirituales y herramientas para el crecimiento personal y la felicidad. https://eckharttolle.com/falling-below-and-rising-above-thought/

Traumatismos. (2021, 11 de noviembre). Fundación para la Salud Mental. https://www.mentalhealth.org.uk/explore-mental-health/a-z-topics/trauma#:

Tucker, S. (2023, 10 de septiembre). *Reparentalización: ejercicios para abrazar la auto-sanación y nutrir a tu niño interior.* Generation Mindful. https://genmindful.com/blogs/mindful-moments/reparenting-yourself-exercises

Comprender el trauma infantil. (2023, 17 de marzo). SAMHSA. https://www.samhsa.gov/child-trauma/understanding-child-trauma

Weingus, L. (2022, 17 de mayo). *45 sugerencias para ayudar a sanar a tu niño interior y liberar la alegría.* Seda + Sonder. https://www.silkandsonder.com/blogs/news/inner-child-journal-prompts

Wek, A. (s.f.). *Citas de Alek Wek.* BrainyQuote. https://www.brainyquote.com/quotes/alek_wek_783092

¿Qué es EMDR? (2022, 20 de octubre). Instituto EMDR, Inc.. https://www.emdr.com/what-is-emdr/

Winfrey, O. (s.f.). Citas de Oprah Winfrey. QuoteFancy. https://quotefancy.com/quote/879440/Oprah-Winfrey-Forgiveness-is-giving-up-the-hope-that-the-past-could-have-been-any#

www.ingramcontent.com/pod-product-compliance
Lightning Source LLC
Chambersburg PA
CBHW061745120626
46550CB00005B/1899